amours

Jacques Attali

en collaboration avec Stéphanie Bonvicini

amours

Histoires des relations entre les hommes et les femmes

Fayard

ISBN 978-2-213-63010-6

« Apprenons l'art d'aimer, de plaire tour à tour,
Ne cherchons en un mot que l'amour dans l'amour… »

LETTRE D'HÉLOÏSE À ABÉLARD

«L'amour est enfant de bohème ;
il n'a jamais connu de loi.
Si tu ne m'aimes pas, je t'aime ;
si je t'aime, prends garde à toi !»

MEILHAC ET HALÉVY, LIVRET DE L'OPÉRA
CARMEN DE BIZET

ous allons donc parler d'amour. Et d'abord des multiples formes de relations entre les êtres humains qui en tinrent lieu, dans le but conscient ou inconscient de perpétuer l'espèce. Ces relations, sexuelles et/ou sentimentales, instinctives et/ou réfléchies, sauvages et/ou ritualisées, contraintes et/ou volontaires, durables et/ou éphémères, hétéro- et/ou homosexuelles, ne sont pas, dans la plupart des langues, désignées par un mot unique, sinon, en anglais, par celui de *mating*. Comme si les humains hésitaient à recouvrir d'un seul vocable tant de pratiques dictées, pour l'essentiel, par les exigences contradictoires de la sexualité et de la société.

Depuis plus de quatre milliards d'années, l'histoire de la vie suit une seule route, celle de sa propre pérennité ; elle n'emploie qu'une seule stratégie, celle de la diversité. Et, pour y parvenir, elle invente mille ruses, à commencer par la plus étrange d'entre elles, la plus fabuleuse, source de différences sans cesse renouvelées : la sexualité, bizarre division de chaque espèce en deux genres dont l'union devient nécessaire à la reproduction de l'espèce.

La plupart des végétaux et des animaux, lorsqu'ils échappent à l'uniformité suicidaire de la scissiparité et de la parthénogenèse, se reproduisent par la mise en commun de leur patrimoine génétique ; en général, le mâle n'est qu'un simple instrument de fécondation de la femelle, et disparaît une fois son rôle rempli. Dans quelques espèces animales plus sophistiquées, les rôles s'équilibrent ; puis le genre masculin en vient à dominer le féminin. En général, l'union des deux sexes est fugace, aléatoire, mécanique ; elle est l'expression d'un désir que rien ne semble pouvoir maîtriser, comme celui de manger ou de dormir. Leurs relations évoluent avec la complexité des espèces. S'inventent des rituels d'approche et de sélection permettant à chacun de juger ce que l'autre peut lui apporter, d'échanger autre chose que

La monogamie sous sa forme la plus absolue : un seul homme, une seule femme. *Adam et Ève au paradis.* Anonyme, huile sur bois, 1533. Gemäldegalerie, Berlin.

7

des gènes, de maîtriser et orienter le désir, d'organiser des relations ritualisées de plusieurs mâles avec plusieurs femelles. Là commencent le respect, la considération, l'échange, la tendresse, l'amour.

L'espèce humaine est la première à inscrire les relations entre les sexes dans une conception globale du monde. Elle fait même de l'amour et de ses interdits un des fondements majeurs des premières civilisations. Chacune d'entre elles pense les lois de ces relations comme éternelles, car elles fixent les conditions de sa survie et de son identité.

Pour les premiers humains, la femme est accueil, lieu de ressourcement ; l'homme est puissance et mouvement ; la femme est « Terre », l'homme est « Ciel », disent les peuples des débuts. La femme a un projet de vie : la transmettre. L'homme a un projet de conquête, par peur de la mort. Les hommes ont peur des femmes qui, en leur donnant la vie, leur donnent du même coup la mort. De plus, la méconnaissance du rôle de l'homme dans la procréation confère pendant très longtemps tout pouvoir aux femmes sur les enfants.

Les premières mythologies organisent, dans des circonstances géographiques et historiques particulières, la protection démographique du groupe. Elles définissent des tabous et des exigences. Pas une pratique (de l'inceste à la zoophilie, en passant par la pédophilie, le fétichisme, la pornographie ou l'érotisme) qui ne soit interdite par certaines sociétés et fortement recommandée par d'autres. Seule la relation sexuelle entre une mère et ses fils est universellement réprouvée.

Déplacement d'un harem à Bou-Saada en Algérie à la fin du XIXᵉ siècle.

Puis certaines sociétés – dans des circonstances très particulières – s'orientent vers la polyandrie (une seule femme avec plusieurs hommes). Presque toutes les autres, quand l'homme prend conscience de la paternité, penchent vers la polygynie (un seul homme avec plusieurs femmes). Comme il y faut plus de femmes que d'hommes, les sociétés polygyniques sont nécessairement conquérantes. L'accumulation d'argent pour produire et économiser le travail n'y est pas d'actualité : la polygamie n'est pas aisément compatible avec le capitalisme…

Il faut sans doute attendre les Hébreux, il y a quatre mille ans, pour que les relations entre hommes et femmes soient sanctifiées par une cérémonie, le mariage, dans un lieu de culte, sous le contrôle des pères et de représentants d'un culte, sans que soit pour autant remise en cause la polygynie.

Puis vient le christianisme. Nul au monde, avant lui, n'a prétendu imposer à l'espèce humaine tout entière une monogamie absolue, une fidélité totale, une relation irréversible. Nulle religion n'a prétendu gérer avec une aussi grande précision la vie sexuelle de chaque fidèle. Pour Paul et ses disciples, le sexe constitue un scandale, alors que, pour les religions précédentes, c'est le célibat qui est insupportable. Pour les Pères de l'Église, la monogamie n'est qu'un pis-aller destiné à ce que l'humanité survive : la vie est un don de Dieu, et il appartient aux humains de la transmettre. La monogamie prend, dès lors, une forme absolue : une seule femme, un seul homme, toute une vie, dans le refus de la sensualité et sous la surveillance tatillonne de Rome.

Par le contrôle de la sexualité et du mariage, l'Église, épouse et mère, tente alors de prendre le pouvoir sur l'Occident juste avant que l'islam ne vienne, au VIIe siècle, donner une nouvelle légitimité à la polygynie et ce, sur un cinquième de la planète.

Jusqu'au XIIe siècle, là où elle domine politiquement, c'est-à-dire en Europe, l'Église catholique n'impose cependant presque rien de sa conception de l'amour. La polygynie y reste la loi des puissants ; le concubinage, celle des paysans ; les prêtres, rarement chastes avant le XIIe siècle, se mêlent à peine des mariages.

Pêcheur et ses trois femmes, estampe, Katsukawa Shuncho, 1786.

En revanche, venu d'Orient, où la polygynie reste la loi des empires, un vent de sensualité bouleverse le monde occidental, glorifiant à la fois l'érotisme et l'amour courtois. Commence alors la modernité occidentale ; elle trouve sa source dans une quête amoureuse que certains répriment et transforment en frénésie de savoir, en ambition artistique, ou encore en dépassement de soi.

Avec Marlowe et Shakespeare apparaît le coup de foudre réciproque, union égale des corps et des esprits. L'amour trouve alors mille expressions dans la littérature et l'art. Hommes et femmes commencent à se parler d'égal à égale et leur conversation ne cessera plus : l'attrait de l'autre, l'intérêt pour l'autre, le besoin de l'autre, l'attachement à l'autre. Les femmes y tiennent le premier rôle : ce sont elles, les premières, qui osent vraiment parler d'amour.

La Réforme puis l'avènement de la société bourgeoise au XVIIe siècle renvoient l'amour aux exigences de la reproduction sociale. Elles font passer l'héritage au premier rang des raisons d'être de la famille et du mariage : il faut épargner non plus pour avoir des femmes, ni pour l'honneur de Dieu, mais pour augmenter la richesse de la famille.

Au XIXe siècle, l'union bourgeoise réussit là où le mariage chrétien a échoué. L'État réorganise alors à son profit le mariage monogamique, sans que l'homme soit puni pour pratiquer la polygynie.

Au XXe siècle, alors que, dans une très large partie du monde, les femmes se battent encore pour que cessent la polygynie, le mariage forcé et le mariage des enfants (une fille sur trois dans le monde est aujourd'hui mariée avant l'âge de 18 ans), le droit à l'amour devient la première revendication

Chefs zoulous polygames devant un *umuzi* de chaume tressé, avec femmes et enfants. Kwazulu-Natal, 1890-1899, musée du Quai Branly, Paris.

Présentation de jeunes
femmes à un riche
marchand turc.
Fin du XIXᵉ siècle.
Série de cartes postales.

véritablement planétaire. S'impose le droit des uns et des autres à être aimé ; le couple devient une relation entre deux personnes qui se parlent, s'observent, se jugent et s'aiment. Rien ne permet d'en garantir la pérennité. Car, si les êtres humains ont besoin d'aimer et d'être aimés, ils ont aussi besoin – au moins pour certains d'entre eux – de changer d'objet et de sujet d'amour. Alors s'effacent l'utopie chrétienne et la norme bourgeoise : le consentement entre époux, s'il est vraiment libre, ne peut être ni éternel ni exclusif.

S'annoncent ainsi, pour dans très longtemps, comme par un retour aux origines, de nouvelles formes de relations entre les humains, fondées sur la satisfaction instantanée des désirs, progressivement dégagée des préoccupations de la reproduction : le *mariage contractuellement provisoire*, où la durée de la relation entre deux êtres serait fixée entre eux à l'avance ; le *polyamour*, où chacun pourrait avoir, en toute transparence, plusieurs partenaires sentimentaux simultanés ; la *polyfamille*, où chacun appartiendrait ouvertement à plusieurs foyers à la fois ; la *polyfidélité*, où chacun serait fidèle aux divers membres d'un groupe aux sexualités multiples. Les enfants, eux, vivraient dans des lieux stables où les parents viendraient tour à tour en prendre soin.

Un jour plus lointain encore, il deviendra de plus en plus facile de dissocier sexualité, désir et amour ; la reproduction deviendra l'affaire de machines et la sexualité l'affaire du plaisir, avant de devenir, elle aussi, l'affaire de machines. L'utérus artificiel et le clonage ouvriront des perspectives vertigineuses où

Geishas dans un jardin à Hiroshima en 1903. Au XIXᵉ siècle, on ne devenait pas geisha par vocation. Les jeunes filles des familles pauvres étaient vendues dans des *okiya*, maisons de geishas, situées au cœur du quartier des plaisirs.

chacun deviendra maître de sa propre reproduction. Jusqu'à, peut-être, l'hermaphrodisme universel.

C'est un peu comme si l'humanité choisissait de parcourir le chemin inverse de l'histoire de la vie en revenant d'abord au mariage de groupe, puis à la parthénogenèse. Pour en finir, peut-être, un jour, avec le besoin de l'Autre. Et donc avec l'amour.

Faut-il résister à un tel avenir ou s'émerveiller devant ces mutations ? Peut-on encore espérer voir l'amour sauver l'humanité de sa propre folie ?

Ce livre est un voyage dans cette histoire merveilleuse et menacée. S'y croisent tribus polyandres de Chine et rituels homosexuels de Nouvelle-Guinée ; femmes des harems d'Arabie et maris multiples du Tibet ; prostituées d'Amérique et geishas japonaises ; maîtres de l'érotisme indien et mariages de groupe du Congo ; familles bourgeoises et trios bisexuels ; machines de plaisir et chimères d'amour. Toutes et tous nourrissent la plus haute ambition humaine, en fait la plus révolutionnaire : se dépasser pour atteindre à un idéal, celui de plaire à l'autre pour se plaire à soi-même. Pour être aimé.

chapitre 1

Amours animales

« Arthur, l'amour c'est l'infini
mis à la portée des caniches
et j'ai ma dignité, moi ! »

CÉLINE, *VOYAGE AU BOUT DE LA NUIT*

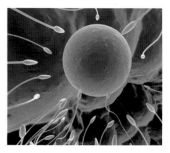

l y a 3,8 milliards d'années, la vie surgit sous la surface des océans ; elle se reproduit d'abord à l'identique, par scission de premiers organismes rudimentaires. Beaucoup plus tard, il y a moins de 500 millions d'années, apparaît la reproduction sexuée. Elle commence par la tentative d'un organisme unicellulaire d'utiliser les ressources d'un autre, identique et intact, pour se modifier. Aujourd'hui encore, des bactéries savent transmettre de cette façon, de l'une à l'autre, des fragments d'ADN par des sortes de poils, premiers organes sexuels. Puis ces premières formes de vie évoluent, toujours sous la mer, vers des organismes différenciés en deux genres, qui se fertilisent l'un l'autre de façon externe, l'un donnant naissance à la génération suivante, l'autre apportant un complément de diversité. Cette différenciation se marque par l'émergence de cellules spécialisées, les gamètes, qui se reproduisent, tandis que les autres disparaissent. Ces êtres sexués peuvent alors transmettre une partie de leur matériel génétique par l'une des deux copies de chaque gène contenue dans chaque cellule ; ils augmentent ainsi la diversité de l'espèce par la recombinaison des gènes des parents. Deux sexes semblent suffire à assurer la diversité ; trois auraient rendu la rencontre fort peu probable. Et cette simple dualité n'est sans doute pas pour rien dans la fascinante symétrie de presque tous les êtres vivants.

Ces premiers êtres sexués tendent au plus grand nombre d'accouplements, indifféremment avec mâles et femelles, sans que leurs relations, même pour les êtres unicellulaires, se fassent totalement au hasard : des préférences se manifestent même chez les êtres les plus simples.

Cette reproduction sexuée change tout. D'abord elle ralentit, évidemment de moitié, la vitesse de reproduction. Ensuite elle permet, il y a 350 millions d'années, aux êtres vivants d'échapper à la mer et de se reproduire sur terre, d'abord sans contact direct entre géniteurs, puis, comme les fleurs, par d'énormes organes sexuels à l'efficacité très faible. Puis, apparaît l'accouplement. Il est d'abord externe (chez les insectes, le mâle dépose une capsule de spermatozoïde dans la femelle), puis interne, en premier lieu de façon anale (chez de nombreux vertébrés comme les reptiles et presque tous les oiseaux), ensuite par le vagin chez les mammifères. Un cas extrême : la punaise, avec plus de deux cents rapports par jour, pour moitié homosexuels,

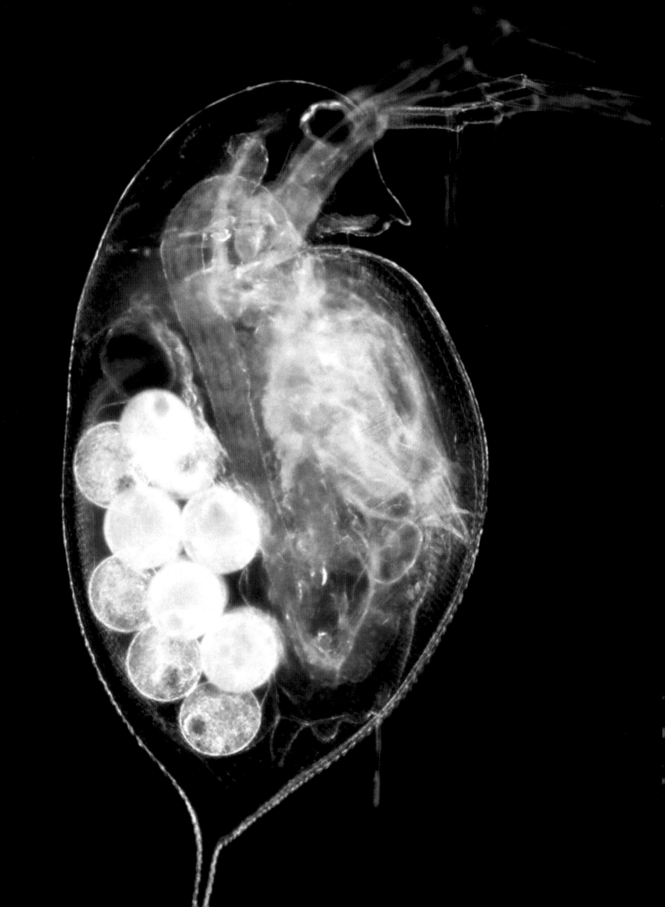

qui perfore n'importe où le corps du partenaire et déverse son sperme ou celui d'un autre mâle qui l'aura transpercée auparavant.

Certains de ces premiers êtres sexués maintiennent aussi, par surcroît, une reproduction non sexuée à partir d'un gamète non fécondé : c'est la parthénogenèse. On la rencontre encore aujourd'hui chez certaines espèces végétales et animales, comme les angiospermes et certains taxons comme les nématodes, les polychètes, les arthropodes, dont l'abeille, les gastrotriches et certains geckonidés. Cette reproduction non sexuée permet à ces espèces animales de coloniser des lieux isolés à partir d'un seul exemplaire. Certaines espèces alternent ainsi reproductions sexuée et asexuée : un crustacé d'eau douce, la daphnie, se reproduit au printemps par parthénogenèse pour peupler rapidement les étangs ; puis il passe à la reproduction sexuée lorsque surgissent des prédateurs. Certaines espèces de geckos deviennent aussi hermaphrodites quand elles sont isolées sur quelques îlots. Certains requins femelles sembleraient se reproduire aussi par parthénogenèse une fois enfermées sans mâle dans des bassins. Puis la structure du vivant se complexifie. Dans chaque espèce, masculin et féminin se distinguent plus nettement : les mâles grandissent ; les femelles se masquent. Les mâles, capables d'engendrer un nombre presque illimité de descendants, privilégient la quantité de leurs relations sans rien savoir, sans doute, de leur rôle dans la reproduction. Les femelles, qui ne peuvent procréer qu'avec un seul mâle à la fois, privilégient la qualité à la quantité. Elles préfèrent avoir des relations de courte durée avec des partenaires au patrimoine génétique exceptionnel, et des relations de longue durée avec des mâles capables de les protéger.

Pour choisir leur partenaire sexuel, les femelles vont donc jauger la qualité des caractères que le mâle est susceptible de transmettre à sa descendance. Chez certaines espèces (insectes, crapauds, oiseaux, chimpanzés, phoques gris, criquets), la femelle est même capable de stocker et d'utiliser sélectivement le sperme de plusieurs partenaires, s'assurant ainsi que celui qui fécondera ses gamètes sera celui disposant du meilleur capital de fertilisation.

Pour attirer l'intérêt des femelles, émergent chez certains mâles des ornements impressionnants, des appendices spectaculaires, des bois, des cornes, des crêtes, des panaches qui peuvent même nuire à leur survie : la crête dorée du paradisier attire l'attention des prédateurs ; la queue d'un

Page de gauche : La daphnie, puce d'eau douce, pond soit au printemps par parthénogenèse, c'est-à-dire en l'absence d'intervention d'un mâle, soit de manière sexuée avec des mâles dès que ses conditions de vie deviennent défavorables.

paon lui rend la vie plus difficile ; les bois du cerf exigent beaucoup de calcium, de phosphate et de calories. Tout mâle qui réussit à survivre malgré ces handicaps signale le caractère exceptionnel de ses gènes. Pour attirer les femelles, les mâles se manifestent alors par des signes, des odeurs, des postures, des cris, des chants. Chez les femelles de certaines espèces, l'écoulement de sang en provenance de l'utérus indique une période de fertilité. Chez d'autres, comme le rat et le chien, le degré d'attraction sexuelle dépend de la concentration des œstrogènes. Parfois l'attirance est aussi homosexuelle : les mâles de quatre cent cinquante espèces vertébrées, dont les dauphins et les girafes, ont des relations entre eux ; de nombreuses espèces (lions, putois, lézards…) sont bisexuelles ; on a également identifié des comportements lesbiens chez les macaques.

Dans chaque espèce, des tabous apparaissent, créant les conditions d'un équilibre entre compétition et coopération, et d'une organisation sociale spécifique. Malgré les apparences, les relations entre les sexes ne laissent jamais rien au hasard et sont parfois très sophistiquées.

Tous les animaux, en particulier les vertébrés, sont polygames (parfois polyandres, en général polygynes). Les gallinacés sont tous polygynes, avec environ dix femelles pour un mâle. Les mâles, particulièrement rares, de la cténize (une araignée) partagent équitablement leur temps entre les nids aménagés par plusieurs femelles. Certains vertébrés comme les lézards, les rongeurs, les palmipèdes et quelques autres oiseaux sont parfois provisoirement monogames. Chez certains volatiles (la mésange bleue, le mérion superbe), les femelles se reproduisent parfois avec un mâle différent de celui avec lequel elles partagent le nid. Un poisson, l'épinoche mâle, construit un nid où il entraîne une femelle qu'il invite à pondre, puis en amène une autre et féconde tous les œufs quand ils sont en assez grand nombre.

Les mammifères, eux, copulent par le vagin et un pénis ; le volume des organes sexuels peut alors décroître, libérant l'énergie pour d'autres fonctions, en particulier d'ordre cérébral. Les mâles s'intéressent dès lors plus particulièrement à l'odeur des femelles.

Avec la complexité croissante des espèces, les relations entre sexes évoluent vers des relations ritualisées de plusieurs mâles avec plusieurs femelles. Elles sont pour l'essentiel polygames : seulement 3 % des espèces mammifères sont monogames. Les herbivores (taureaux, boucs, chevaux, bisons, cerfs) sont tous polygynes. Le harem de l'antilope mâle d'Asie peut ainsi compter jusqu'à plus de cent femelles.

Quelques espèces de mammifères sont polyandres : les femelles du chien de prairie multiplient leurs partenaires pour augmenter leurs chances d'être

LE GECKO

Le gecko est pourvu
d'hémipénis, c'est-à-dire de
deux pénis logés à la base
de la queue, dont l'un lui
sert à féconder la femelle.
Isolé de son environnement
naturel, il peut même
devenir hermaphrodite.
Lors de la parade nuptiale,
avant la copulation, le
mâle immobilise la femelle
pour lui mordre la nuque.
L'accouplement peut
ensuite, selon les espèces,
durer de deux minutes à
quelques heures, mais la
moyenne se situe plutôt
autour d'un quart d'heure.
Tout de suite après, le mâle
et la femelle effectuent
une minutieuse toilette
de leur corps. La plupart
des espèces geckos sont
ovipares. Après la ponte,
la grande majorité d'entre
elles se désintéresse des
œufs. D'autres n'hésitent
pas à consommer les petits
de leur propre espèce si
l'occasion se présente.

LA PUNAISE

La punaise arlequin,
appelée «gendarme»,
s'accouple durant plusieurs
heures, voire plusieurs jours,
et la plupart du temps
en groupe. Elle peut
aller jusqu'à deux cents
rapports par jour. Ces
accouplements, visibles et
prolongés, ont une fonction
biologique très précise :
ainsi, les autres mâles ne
pourront plus féconder la
femelle. Le mâle accouplé
attend en effet que sa
partenaire ne soit plus
réceptive aux autres mâles
ou qu'elle soit prête à
pondre. Une manière
de s'assurer l'exclusivité
de la descendance.

Si, chez les animaux,
l'union des deux sexes
est en général brève
et brutale, certaines
espèces plus
sophistiquées ont su
inventer des rituels
d'approche et de
sélection, pour des
relations ritualisées
autour du respect,
de la considération,
de l'échange,
de la tendresse
et même de l'amour.

LA MÉSANGE

Socialement monogame, la mésange bleue est génétiquement polygame. La femelle s'accouple parfois avec des mâles de son voisinage, dans le but d'améliorer ses chances de fertilisation pendant la saison de reproduction. Elle fait ainsi bénéficier sa progéniture d'une grande diversité de «bons gènes» masculins. Lors de la parade nuptiale, le mâle, qui veut séduire sa partenaire avant l'accouplement, s'élance depuis la cime d'un arbre et effectue des vols avec les ailes étendues. Puis il se perche près de la femelle, la crête hérissée, les ailes tremblantes, tombantes et à demi-ouvertes. Il termine sa cour par l'offrande de nourriture, que la femelle réclame comme un poussin, en faisant trembler ses ailes.

LE ZÈBRE

Chez les zèbres, les jeunes mâles célibataires forment des groupes. Ensemble, durant deux ans, ils s'exercent à des jeux et duels qui vont leur permettre de devenir chefs de famille polygames. Vers 4 ans, au printemps et en été, mois du rut, l'étalon développe une réelle impatience et part à la recherche d'une ou plusieurs juments, en flairant leurs parfums. Il court alors autour des troupeaux, se roule dans l'herbe et combat avec les autres mâles concurrents jusqu'à l'accouplement. La violence déployée en cette occasion est impressionnante. Ensuite, la cellule familiale du zèbre est un modèle de stabilité. Entre les juments de la même famille, une hiérarchie est établie ainsi qu'entre les poulains d'âges différents. Jusqu'à leur départ de la harde, l'étalon veille à la sécurité de ses petits avec la plus grande attention.

LE CERF

De fin septembre à début octobre, la forêt résonne des brames du cerf. Brame de présence, de langueur, de défi, de poursuite, de triomphe, chacun marque l'une des étapes de la période des amours, durant laquelle le jeune cerf quitte la harde pour conquérir les femelles, faisant fi de toute prudence. Tandis que les vieux mâles sont occupés à surveiller les femelles et à s'accoupler dans la harde, qui peut aller jusqu'à trente têtes, de jeunes cerfs venus de hardes voisines essayent de voler les biches qui s'éloignent. C'est alors qu'ont lieu de violents combats, où deux mâles dont les bois s'entremêlent peuvent mourir d'épuisement s'ils ne réussissent pas à se détacher. La biche s'accouple toujours au vainqueur mais choisit parfois un vaincu pour l'aider à élever ses petits.

fécondées. Chez certains loups, lions et éléphants, la dominance est aussi exercée par une femelle. Les troupeaux de cerfs, constitués de trois ou quatre générations, se déplacent également sous la direction d'une biche dominante ; chaque mâle s'éloigne de la troupe à l'âge de 3 ans et revient en automne pour la période des amours ; il délimite alors un territoire en bramant et tente de constituer, pour une brève période, une harde de plusieurs femelles en s'opposant aux autres mâles. Une femelle s'accouple en général au mâle vainqueur du combat dont elle est l'enjeu, ou choisit parfois un mâle vaincu qui l'aidera à élever les jeunes ; si quelque danger survient, les mâles se sauvent. D'autres mammifères, comme le chevreuil, certains renards, certains loups, sont provisoirement monogames. Les loups assistent leur femelle et la nourrissent, mais peuvent dévorer leurs petits. La monogamie a aussi une explication biochimique : certaines hormones (vasopressine et ocytocine) semblent rendre monogames les espèces qui les sécrètent.

Puis viennent les primates – mammifères placentaires à main préhensile –, apparus il y a 85 millions d'années. Les mâles sont pour la plupart polygynes et recherchent des partenaires hors de leur groupe. Leur sexualité exprime des rapports de protection ou de domination. L'acte sexuel est l'occasion de se réconcilier après un conflit, de solliciter une faveur, de fêter la paix retrouvée entre deux communautés. Certains mâles babouins, par exemple, protègent le jeune d'une femelle d'un groupe auquel ils viennent de se joindre, dans l'unique but d'inciter les femelles, en quête de protection pour leur progéniture, à s'accoupler avec eux. Chez les chimpanzés, les femelles déjà enceintes cherchent à copuler avec le mâle dominant. Il semble qu'il y ait là des mécanismes chimiques associés : les femelles singes rhésus sécrètent des acides gras, appelés copulines, qui semblent avoir un effet aphrodisiaque sur les mâles.

Toujours chez les chimpanzés, plusieurs femelles choisissent plusieurs mâles. Il arrive qu'un mâle réussisse à monopoliser l'accès sexuel aux femelles du groupe, ou qu'un mâle et une femelle se séparent du groupe, parfois de façon volontaire, parfois de façon forcée, durant quelques semaines. Il arrive que les gibbons et les orangs-outangs soient eux aussi temporairement monogames. Le mâle du chimpanzé nain du Congo, ou bonobo (identifié en 1929 et génétiquement identique à 99 % à l'être humain), est le seul primate, avec l'homme, à ne pas posséder de bacculum (cartilage au niveau du pénis qui lui sert de tuteur). L'orientation frontale de la vulve et du clitoris de la femelle est la même que chez la femme. Et c'est la seule espèce animale, en dehors de l'espèce humaine, qui fasse l'amour face à face. Ces singes pratiquent également le baiser sur la bouche avec pénétration de la langue, le frottement mutuel des

La mouche se reproduit en été. Toutefois, s'il fait trop chaud (plus de 30 °C), elle devient stérile. Pour séduire la femelle, le mâle bat des ailes ; puis ils s'accouplent. Si certains diptères effectuent de longues danses nuptiales, l'étreinte de la mouche est brève et brutale. Une seule femelle peut pondre jusqu'à 1 000 œufs, en plusieurs pontes de 150 œufs chacune. On compte de 10 à 30 générations par an, si bien qu'une femelle peut espérer une descendance de quelque 4 trillions d'individus !

Pansexuel, le bonobo n'a pas de préférence mâle ou femelle. Il a des contacts sexuels en moyenne toutes les 90 heures, durant lesquelles il expérimente toutes les positions possibles, pratique le baiser avec la langue, s'adonne à la masturbation. Les femelles se mettent face à face pour se frotter mutuellement les organes sexuels. Pour les bonobos, la sexualité a d'autres fonctions que la reproduction : elle sert, à travers le plaisir, à apaiser les tensions et à éviter les conflits.

zones génitales, à deux ou plus, ventralement ou dorsalement, manuellement ou oralement, sur le sol, dans les arbres, assis, couchés ou debout. La femelle bonobo devient féconde vers 13 ou 14 ans ; sa gestation dure environ sept mois et demi, et elle peut enfanter, en moyenne, une fois tous les cinq ans. La copulation dure environ quinze secondes. Les mâles bonobos peuvent copuler six fois par jour, contre une seule chez les chimpanzés. La femelle peut refuser à un mâle de s'accoupler ou échanger ses activités sexuelles contre des services : par exemple, il lui arrive de céder à un mâle pour lui prendre sa nourriture, puis de repartir aussitôt. L'activité sexuelle entre frères et sœurs est très rare, tout comme entre pères et filles. Aucune relation sexuelle entre mère et fils n'a jamais été observée. Les bonobos vivent en communauté de plusieurs mâles et de plusieurs femelles ; les mâles restent toute leur vie dans le groupe natal alors que les femelles se dispersent à la puberté, rejoignant d'autres mâles qui surveillent le territoire au milieu duquel les femelles vont vivre avec leurs petits.

Dans sa sexualité et son organisation sociale, presque rien ne distingue le bonobo des premiers humains dont l'histoire commence il y a sept millions d'années.

chapitre 2

Débuts d'amours

«Que ton amour a de charme, ma sœur fiancée !

Combien ton amour est meilleur que le vin,

et l'odeur de tes parfums que tous les aromates ! (...)

Car l'amour est fort comme la mort. (...)

Les grandes eaux ne sauraient éteindre l'amour.

Et les fleuves ne le submergeraient pas. »

CANTIQUE DES CANTIQUES, IV, 10 ; VIII, 6-7

Il y a à peu près sept millions d'années, deux primates (Toumaï au Tchad, Orrorin au Kenya) descendent l'un après l'autre des arbres et se dressent sur leurs deux jambes ; sans doute vivent-ils et aiment-ils comme les bonobos. Deux millions d'années plus tard, une autre espèce de primate, l'Australopithèque, arpente les paysages de l'Afrique orientale et australe[4]. Trois millions d'années plus tard encore, dans la même région, certains de leurs descendants, *Homo habilis* et *Homo rudolfensis*, se tiennent plus droits et peuvent donc porter un cerveau un peu plus lourd.

Rien ne nous renseigne sur les relations entre les sexes de ces espèces : ni restes, ni tombeaux, ni objets. On peut supposer que ces relations évoluent avec la taille du cerveau, et qu'elles doivent ressembler encore à celles des singes bonobos : les mâles restent dans leur groupe de naissance ; au contraire, les femelles – peut-être pour fuir l'inceste qui affaiblirait le groupe – quittent la tribu à la puberté, ou du moins s'en éloignent pour disposer d'un espace à elles, parfois à l'intérieur du territoire commun de la tribu, sous la protection de quelques mâles.

Il y a deux millions d'années apparaît l'*Homo ergaster*, dont la sexualité évolue et dont la vie sociale se complexifie : il a perdu l'essentiel de ses poils et semble même avoir acquis les premiers rudiments de la parole. À la différence de toutes les autres espèces animales, il commence à transmettre un savoir de génération en génération. Il vit encore, semble-t-il, en groupe des deux sexes, et s'organise autour de cette transmission du savoir[4].

Un million d'années plus tard, une autre espèce, encore plus solide et plus organisée, l'*Homo erectus*, parcourt, en l'espace de quelques dizaines de millénaires, le reste du monde. Plusieurs mâles vivent sans doute avec plusieurs femelles, tantôt il y a un mâle dominant, tantôt une femelle dominante.

Puis surgissent deux autres primates : *Homo sapiens* et *Homo heidelbergensis*, qui se tiennent encore plus droits ; leur cerveau est encore plus volumineux ; leur organisation sociale, leurs langages, leurs relations amoureuses sont probablement plus sophistiqués. Il semble que les mâles ignorent encore qu'ils sont pour quelque chose dans la reproduction ; les relations entre eux semblent être encore très voisines de celles des bonobos, moyennant déjà quelques interdits. Les femelles voyagent alors avec les enfants et ont en charge leur éducation.

D'espèce en espèce, la séquence amoureuse évolue parallèlement à la croissance du cortex cérébral, des premières approches de la séduction jusqu'à l'accouplement. La relation entre les sexes est encore très profondément influencée par l'obligation de prendre en compte la transmission du savoir

Page précédente :
Dame de Brassempouy.
Le premier visage
d'un *Homo sapiens
sapiens* est une figure
de femme. Elle daterait
de l'époque du
paléolithique supérieur,
vers 28 000 av. J.-C.
Ivoire de mammouth,
musée des Antiquités
nationales,
Saint-Germain-en-Laye.

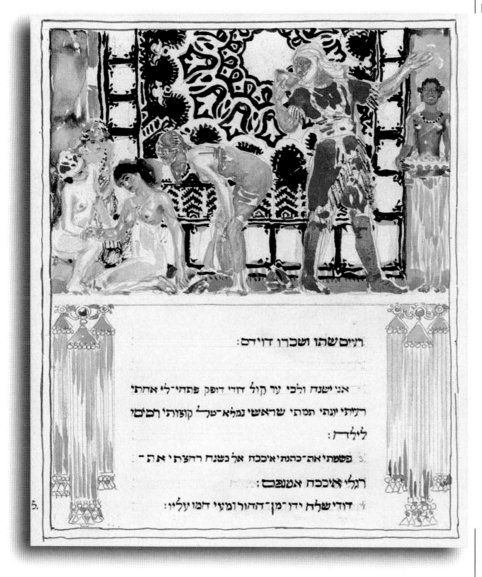

aux plus jeunes, et pas seulement leur protection physique, comme chez les autres animaux. Tous ces hominidés, voisins mais non semblables, coexistent sans se mêler. Il n'est pas exclu que des histoires d'amour aient ainsi pu se dérouler entre primates d'espèces différentes.

Il y a 300 000 ans, l'*Homo sapiens* évolue vers *Homo neandertalensis*. Pour la première fois, il s'installe pour un temps assez long en des endroits hospitaliers, où il aménage des grottes et où vivent des communautés d'hommes, de femmes et d'enfants. Il enterre ses morts, hommes et femmes

Illustration du Cantique des cantiques, long poème d'amour, l'un des livres de la Bible (Ancien Testament) écrit à l'époque de Salomon. F. Kupka, 1905-1909, musée d'Art et d'Histoire du Judaïsme, Paris.

31

Famille monogame de magdaléniens, époque préhistorique du renne, − 17 000 à − 10 000 ; civilisation d'humbles chasseurs de rennes et de cueilleurs, recherchant les cavernes et qui, durant les longs hivers magdaléniens, travaillaient l'os au silex.

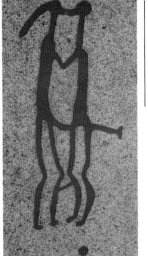

mêlés. C'est sans doute à la même époque que certains *Homo sapiens* découvrent que la procréation est une conséquence de l'acte sexuel et que les deux partenaires y jouent un rôle. Le mâle prend alors une place beaucoup plus grande dans l'organisation sociale, dans l'appropriation des enfants et dans les rapports avec l'environnement. Avec les premiers rudiments de la sédentarité, la sexualité se ritualise davantage ; des interdits apparaissent ou se confirment.

Il y a 160 000 ans, toujours en Afrique, sur une autre branche d'*Homo sapiens*, apparaît *Homo sapiens sapiens*. La différence génétique entre l'homme et la femme est alors la même qu'entre les bonobos et *Homo sapiens sapiens* : 1 % de leur patrimoine. Depuis, l'homme n'a plus évolué génétiquement.

Physiologiquement, le coït d'*Homo sapiens sapiens* ne diffère guère de l'accouplement des grands singes, si ce n'est que la femme, même enceinte, se tient debout, ce qui rend sa grossesse beaucoup plus pénible que celle de la femelle anthropoïde et donc la mortalité féminine plus élevée. En outre, les femmes sont les seules femelles mammifères dont l'ovulation ne se signale pas visuellement : l'écoulement de sang en provenance de l'utérus se produit deux semaines après l'ovulation, c'est-à-dire au moment où elle est la moins fertile, et non pas au moment où elle l'est le plus, comme chez tous les autres primates.

Immense différence : l'excitation érotique nécessaire à la reproduction doit donc être d'abord mentale et non mécanique. La grosseur des seins et des hanches chez la femme, et du pénis chez l'homme (quatre fois plus volumineux que celui des gorilles), joue là un rôle d'excitation mentale. La libération de phéromones et la modification des taux hormonaux, inhibant notamment les aires cérébrales associées à la critique de l'autre et à l'ennui, déclenchent le désir. Et sans doute aussi ce qu'on appellera l'amour. L'hypothalamus, centre de régulation des motivations et des émotions dans l'encéphale, déclenche des réactions de plaisir et de douleur, probablement liées aux réactions sexuelles ; il est relié à l'hypophyse qui participe à la production des hormones sexuelles et joue un rôle dans l'érection et l'orgasme.

La différence génétique entre les deux sexes de l'espèce humaine se manifeste progressivement dans leurs comportements intellectuels : les aires du langage sont réparties chez la femme des deux côtés du cerveau, alors

Mariage à l'âge du bronze, lors d'une cérémonie destinée à promouvoir la fertilité des gens, des animaux et de la récolte. Gravure rupestre, 1000 - 500 av. J.-C., site de Vitlycke Tanum, Suède.

qu'elles sont concentrées chez l'homme dans l'hémisphère gauche. Les hommes ont une meilleure capacité visuelle, un meilleur sens de l'orientation, de meilleures facultés d'abstraction ; les femmes ont de plus grandes capacités de langage et une meilleure mémoire, y compris des événements négatifs ; elles ont aussi des capacités d'adaptation plus larges, ce qui leur permet d'échapper à de nombreuses affections génétiques telles que la calvitie, la myopathie de Duchenne, l'hémophilie et l'autisme.

L'*Homo sapiens sapiens* s'organise en communautés de plus en plus larges, dominées, semble-t-il, par les femmes. Les hommes, eux, transportent le feu, les outils, les armes, les vêtements, protègent les enfants de leurs propres sœurs, auxquelles ils apprennent quelques rudiments de leur savoir. Du jour où les hommes prennent le pouvoir, s'organisent des échanges de femmes entre les groupes et se déclenchent des guerres pour en obtenir.

Il y a 30 000 ans, sans qu'on sache exactement pourquoi, mais assez brusquement, disparaissent toutes les espèces d'hominidés – y compris *Homo neandertalensis* –, exception faite d'*Homo sapiens sapiens*. Il est possible qu'à un moment donné ce dernier se soit mystérieusement résolu – et ait réussi – à empêcher les autres hominidés de se reproduire. Il est aussi possible que ces hominidés aient perdu l'instinct de se reproduire. C'est alors qu'ont lieu l'avènement et le début du triomphe de l'humanité. La question de l'évolution de son organisation amoureuse est au centre des débats actuels sur son histoire. Pour certains chercheurs, l'humanité commence par la polygamie ; et la monogamie serait le dernier stade d'une longue évolution. Pour d'autres, au contraire, l'histoire humaine commence par la famille monogame, laquelle aurait ensuite laissé place à la polygynie avec le passage à la grande chasse, puis au « clan totémique » avec l'accès à l'agriculture. Pour d'autres encore, la polyandrie précéderait la polygynie, laquelle aurait été suivie de la monogamie. Pour d'autres encore, le mariage de groupe serait fondateur et aurait cédé la place à la polygynie sans que la polyandrie ait eu jamais cours.

De fait, il est très vraisemblable que l'humanité hérite à ses débuts des formes de relations en vigueur chez les primates antérieurs, c'est-à-dire essentiellement des mariages de groupe, dont on trouve trace, aujourd'hui encore, chez quelques peuples, comme nous allons le voir.

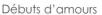

Le mariage et l'adultère chez les Aztèques. Vignettes d'illustration du texte en nahuatl du *Codex de Florence*, œuvre de Fray Bernardino de Sahagún et d'Indiens lettrés, rédigé en 1558. La première vignette illustre les mots que le mari dédie à sa femme après les épousailles ; la seconde illustre le discours d'un homme se repentant de ses fautes, dont l'adultère.

Il en va d'abord des êtres humains comme des animaux : femmes et hommes ne peuvent survivre durablement sans partenaires sexuels. Une femme seule n'est pas protégée, un homme seul est dangereux pour l'ordre en ce qu'il convoite les femmes des autres. Toutes les civilisations organisent donc, dans des circonstances géographiques et climatiques particulières, l'interdiction ou la sanctuarisation du célibat. Il en subsiste des traces : le célibat est par exemple prohibé chez les Baruyas de Nouvelle-Guinée[34], comme il l'était chez les Incas. Chez les Katchins de Birmanie, ne « restent célibataires que des simples d'esprit ou des personnes de caractère impossible, et quand ils meurent, on leur réserve une caricature d'enterrement ». Chez les Saras[41], en Afrique, les célibataires n'ont pas le droit de s'occuper des morts « de peur d'être ensuite incapables de s'établir en mariage[41] ». Parfois les célibataires remplissent une mission qui implique et requiert leur rareté : ils servent d'intermédiaires avec le Ciel ; c'est le cas des « renonçants » en Inde, dernier état de vie que l'homme embrasse avant l'Éveil, et des célibataires dans certaines tribus papoues de l'Irian Barat, en Nouvelle-Guinée.

Il semble alors certain que l'organisation sociale commence par la mise en commun des hommes et des femmes. Les premiers peuples vivant ainsi, et dont des témoignages attestent l'existence, sont décrits par l'historien grec Hérodote au Ve siècle avant notre ère[38] : chez les Massagètes, les Nasamons, les Agathyrses et les Auses (peuples d'Europe orientale et d'Asie), écrit-il, « les femmes sont communes à tous ; ils ne se marient pas, ils s'accouplent à la manière des bêtes. Lorsqu'une femme met au monde un enfant viable, les hommes se rassemblent deux mois après, et celui à qui l'enfant ressemble est reconnu pour son père[38] ». Chez les Massagètes, précise-t-il encore, l'homme « qui désire une femme accroche son carquois à l'avant de son chariot et s'unit à elle en toute tranquillité[38] ». Chez les Nasamons, « avant de s'unir à une femme, l'homme plante un bâton devant sa porte ». Hérodote cite aussi certains peuples du Caucase qui « s'accouplent publiquement comme les bêtes[38] ».

D'autres témoignages, tout au long des siècles, établissent la persistance de ces mœurs qui fascinent les premiers voyageurs occidentaux : ainsi, en 1766, le naturaliste Commerson, compagnon de Bougainville, découvre à Tahiti une société sans interdits ; l'amour y est un acte quasi religieux dans une société où règne, dit-il, le vrai « code de la nature ». Cinq ans plus tard, dans son *Voyage autour du monde*, Bougainville décrit la permissivité sexuelle absolue qui prévaut à Tahiti. Au même moment, un voyageur anglais, Hawkesworth, raconte, horrifié, que certains Tahitiens tuent leurs nouveau-nés pour pouvoir faire l'amour sans être dérangés.

En général, chez ces peuples, les femmes sont maîtresses de la durée des relations avec les hommes ; elles peuvent les faire évoluer vers des relations plus stables, parfois non exclusives, mais parfois institutionnellement provisoires.

On en trouve encore aujourd'hui trace dans le *kirar* des villages indiens de la région de Piparsod (Madhya Pradesh), où les femmes quittent à leur guise les hommes et protègent leur virginité en évitant la pénétration. De même, dans la société kikuyu, au Kenya, chaque homme et chaque femme contractent jusqu'à six ou sept mariages successifs, voire simultanés. Au début du XXe siècle, l'anthropologue allemand Hugo Adolf Bernatzik écrit dans *Le Royaume des Bidyogo*, à propos d'une tribu de l'archipel des Bissagos, dans l'actuelle Guinée-Bissau : « À peine la jeune fille est-elle pubère et a-t-elle été reçue dans la tribu qu'elle place une grande assiette de riz sans condiments devant la maison de son élu. Si le garçon est prêt à accepter la proposition ainsi formulée, il mange le riz et va vivre avec la jeune fille. Jusqu'au jour où l'épouse met devant la porte de la case tout ce qui appartient à son mari, lui indiquant par là

La « maison des chants » à Tahiti où, au XIXe siècle, règne une permissivité sexuelle absolue. *Te Fare hymenee*, Paul Gauguin, 1892. Collection particulière.

Jeunes filles Oua-Kouafi
de race massaï en 1885.
Aujourd'hui encore,
même si le mariage
n'est plus
systématiquement
arrangé, on négocie
toujours la quantité de
bovins et d'argent pour
la dot. Chez les Massaï,
qui sont monogames, la
mariée se rasait le
crâne, une tradition qui
perdure. Son voile
nuptial se composait
d'un diadème de cauris
et d'une multitude de
bijoux en métal offerts
par l'époux. Puis, quand
ce dernier jugeait
que sa femme était
devenue vieille et laide,
il la dépouillait de tous
ses ornements... pour en
revêtir une plus jeune.

Jeunes filles oua-kouafi (voy.

Dessin de Y. Pranishnikoff, d'après une gravure de l'édition anglaise.

qu'elle ne tolère plus sa présence. » Enfin, chez les musulmans chiites, il existe encore aujourd'hui, dans certaines traditions, un mariage provisoire dont sont fixés à l'avance la durée et le nombre de visites sexuelles.

Il y a 15 000 ans, l'humanité grandit, s'organise et se stabilise ; certains groupes commencent à percevoir cette liberté de la sexualité comme une menace pour l'ordre social : les femmes craignent les hommes, capables de tout pour les prendre ; les hommes s'inquiètent des femmes, impures, dangereuses, dont le sexe souille, affaiblit, suscite les rivalités, menaçant la paix et les alliances. Chacun se méfie des désirs d'autrui ; en particulier, chacun entend se protéger de ceux qui lui ressemblent, leurs désirs et convoitises étant les plus proches. Alors se mettent en place les premiers interdits organisant l'ordre social. Ils sont supposés être imposés par les ancêtres, érigés en dieux, qui assurent, dans des conditions géographiques et climatiques données, la sauvegarde démographique de la tribu. Les membres de chaque famille ne peuvent plus alors ni chasser, ni cueillir, ni consommer ensemble, ni surtout avoir de relations sexuelles entre eux : l'inceste étant interdit, les femmes peuvent désormais rester dans le groupe. Après Freud[30], certains ethnologues[45] voient là un tournant décisif, celui du passage de la nature à la culture.

Les tabous ne sont pas partout les mêmes : si l'interdit entre mère et fils est universel (parce que cette relation crée une rivalité entre le père et le fils), le mariage du père avec sa fille est parfois accepté, comme par exemple dans l'ancienne Égypte. D'autres sociétés valorisent le mariage du frère et de la sœur (comme les Égyptiens et les Dravidiens de l'Inde) ; des cousins croisés ou au troisième degré, de l'oncle paternel avec sa nièce (Mélanésie) ; ou de la tante paternelle avec son neveu (Tinné du Canada septentrional) ; ou même celui des grands-parents avec leurs petits-enfants (Vanuatu, îles Fidji). Chez les Nuers, ethnie du Bahr el-Ghazal, au Soudan, les relations sexuelles entre un garçon et sa mère ou sa sœur utérine sont prohibées, et il ne peut se marier ni dans son clan, ni dans le clan de sa mère, ni avec une personne ayant avec lui un ancêtre commun jusqu'à la sixième génération. Chez les Iban de Malaisie, les unions sont interdites entre individus partageant des éléments essentiels (âme, nom, ancêtres, alliance). Chez les Na du Tibet, pas de relations sexuelles entre les adultes consanguins par la mère (mère/fils,

Femme papoue portant les ossements de son défunt mari. En Papouasie, les os servent parfois d'ornement. Ceux d'un parent mort ou d'un ennemi peuvent ainsi être portés en simple souvenir ou être un moyen d'acquérir le pouvoir spirituel du défunt.

frère/sœur, oncle/nièce). Chez les Saras du Tchad, il est interdit à un homme d'avoir des relations sexuelles avec toute femme indisposée ou dont il ne veut pas d'enfant. Chez les Baruyas de Nouvelle-Guinée, l'homme n'a droit jusqu'à 22 ans qu'à des rapports homosexuels, et il ne peut ensuite se marier dans son lignage ni épouser des cousines croisées[34]; si un Baruya veut épouser une fille, il doit forcer une de ses sœurs à épouser un frère de celle qu'il convoite, sauf si elle est enlevée par un autre.

Ces interdits incitent au voyage, au métissage, à la diversité, à la négociation entre ennemis potentiels. Des femmes sont parfois échangées contre des objets : chez les Wiru de Nouvelle-Guinée, on troque des *pearl-shells* contre des femmes[3]. Parfois des femmes sont gagnées ou perdues au jeu ; ailleurs, des femmes échangent entre elles leurs frères, comme les Rhadés du Vietnam ou les Negari Semilan de Malaisie. Chez les Vezo de Madagascar, des jeunes gens sont réciproquement donnés à la famille de l'autre. Chez les Makhura du Mozambique, des prisonnières sont adoptées comme sœurs avant d'être échangées contre d'autres femmes[3]. Chez les Baruyas, échanger deux femmes est la seule façon licite d'en obtenir[34]. En revanche, chez les Mendi de Nouvelle-Guinée, échanger deux femmes est tabou. Quant aux Inuit, ils pratiquent les échanges d'enfants pour garantir la paix entre les villages et préparer des alliances ultérieures. Tous ces échanges transfèrent des droits d'un groupe à l'autre sans rompre les liens antérieurs : femmes et hommes restent attachés à leur groupe initial et les femmes conservent l'autorité sur leurs enfants.

Inuit pratiquant l'échange d'enfants contre des objets, ou pour garantir la paix entre les villages. Photo Paul-Émile Victor, 1936.

41

L'ensemble de ces interdits est peu à peu inscrit dans des récits de fondation qui les justifient par les aventures plus ou moins imaginaires d'ancêtres glorieux. Pour faire vivre les rituels, des cérémonies sexuelles rapprochent le profane du sacré : des danses érotiques miment le coït ; des amours collectives, brisant les tabous, sont provisoirement ou symboliquement autorisées. Parfois, la sexualité dicte des pratiques alimentaires ou des mutilations : les jeunes guerriers de certaines tribus, tels les Owa-Herreros du Cameroun, consomment les phallus des ennemis morts pour assimiler leur puissance ; chez les Louba de l'actuelle République démocratique du Congo, les mères apprennent à leurs filles dès leur plus jeune âge à élargir leurs voies sexuelles ; chez les Peuls de Mauritanie et bien d'autres, les fillettes sont excisées dès l'âge de 10 ans. Dans certaines tribus, les tabous peuvent être enfreints à l'occasion de fêtes à titre de rites magiques de fécondité. Chez les Pedi, une des tribus Thonga du Transvaal, les jeunes gens ne sont autorisés à avoir des relations sexuelles libres qu'au dernier jour de la deuxième période de l'initiation virile.

On retrouvera toutes ces pratiques dans les innombrables fêtes de libération sexuelle qui structureront la plupart des civilisations où ces relations seront réprimées.

Chez les humains d'il y a 10 000 ans, le lien entre acte sexuel et naissance est encore souvent mal compris, ou même nié. Certains peuples en portent aujourd'hui encore la trace. Chez les Baruyas, le ventre des femmes n'est que le sac contenant l'enfant ; le soleil (que seuls peuvent prier les hommes) apporte l'embryon ; les puissances célestes apportent l'intelligence ; les rapports sexuels nourrissent l'embryon[34]. Chez les Mandak, la femme n'est qu'un réceptacle de l'enfant, venu des esprits. Chez les Inuit, les enfants sont considérés comme envoyés du Ciel pour faire revivre les générations antérieures, et les anciens désignent avant de mourir l'enfant dans lequel ils veulent revivre. Dans l'archipel des Trobriand, le sperme n'est supposé jouer aucun rôle dans la conception de l'enfant. Chez les Canela d'Amazonie, l'esprit d'un ancêtre du père anime le corps ; le sperme fabrique les os et la chair ; la femme enceinte doit avoir un maximum d'amants pour nourrir le fœtus, bloquer le sang, s'occuper de l'enfant, lui apporter du gibier et le former aux rituels. Chez les Na du Tibet, les hommes ne se pensent jamais comme géniteurs[55] ; les enfants sont supposés exister avant même l'accouplement : une déesse dépose la vie dans le ventre des femmes ; la femme fait les « os » ; le sperme, désigné du même nom que l'urine, « arrose » des fœtus déjà présents dans le ventre des femmes ; lorsqu'une femme met au monde un enfant viable, les hommes se rassemblent deux mois après, et

celui à qui l'enfant est supposé ressemble le plus est reconnu pour son père ; l'enfant ne rencontre aucun mari ou amant de sa mère pendant ses premières années[55]. Dans ces sociétés, l'enfant est d'abord élevé par les mères et leurs frères, qui lui enseignent les rites, les interdits, les tabous, les danses, les chants, le travail de la terre, les règles de la chasse et de la propriété. L'enfant prend ensuite possession de lui-même au cours d'une cérémonie d'initiation. Vouloir rester un adolescent est mal vu. Chez les Baruyas comme chez beaucoup d'autres peuples, l'initiation passe, ainsi que nous l'avons vu, par l'homosexualité[34]. Chez les Saras du Tchad, les ancêtres viennent réclamer leur « petit-fils » en criant autour des cases des femmes[41] ; les jeunes garçons « meurent » dans le groupe des femmes et sont emmenés en forêt où on leur apprend une langue secrète ; on leur fait absorber une boulette spéciale et on leur interdit de toucher la terre, sauf par la plante des pieds. Pendant ce temps, les femmes restées au village pleurent leurs enfants morts en brousse, jusqu'à ce qu'on vienne leur annoncer leur résurrection ; les garçons sont alors aptes à devenir propriétaires de terres et à entrer dans des communautés d'hommes et de femmes[41].

La première forme de stabilité relationnelle commence avec l'organisation de mariages de groupe. On en trouve encore aujourd'hui des survivances chez quelques ensembles humains, qui permettent de se faire une idée de ce qu'étaient les relations entre les sexes il y a dix mille ans. Dans certains cas, ce sont des communautés de frères et de sœurs où tous les frères font l'amour à toutes les sœurs, parfois sous l'autorité d'un des frères. Ainsi les habitants des monts Nilghiri, dans l'Inde du Sud, pour éviter qu'une propriété familiale soit divisée entre plusieurs frères, organisent le mariage de tous les frères de la même famille avec la femme du frère aîné ; les sœurs cadettes de la femme deviennent les épouses de cette association matrimoniale[33]. Chez les Todas, toujours en Inde, un groupe de frères peut former un ensemble matrimonial avec un groupe de sœurs[34]. Dans le Sud-Est australien, deux frères mariés à deux sœurs vivent ensemble ; en l'absence du mari direct *(tippa-malku)*, le mari indirect *(pirrauru)* prend la femme du premier sous sa

Femme du peuple Mosuo, où les femmes vivent leur sexualité de façon totalement libre, invitant un homme à une *nana sésé* ou « visite furtive ». Province du Yunnan, Chine.

protection et dans son lit. Strabon, historien grec contemporain de Jules César, parle déjà d'un peuple de ce genre au Tibet : « Au Tibet, un certain nombre de frères se marièrent avec un nombre égal de sœurs sans qu'aucune de celles-ci ne soit la femme exclusive de l'un de ceux-là[60]. » Il ajoute : « César fit état de l'existence d'une coutume similaire chez les anciens Bretons… »

Dans ces mariages de groupe, hommes et femmes doivent se respecter, apprendre les uns des autres, converser, faire assaut de tendresse. Mais règles, sexualité et amour n'y font pas nécessairement bon ménage.

D'autres mariages de groupe unissent des garçons avec des filles sans liens de parenté. Un cas très particulier, contemporain, est celui des Bashilele, dans le Kasaï occidental[51]. Dans chaque village, les dix à trente hommes d'une même classe d'âge de cinq ans sont regroupés en un *kumbu* vivant dans une même case, portant un nom générique, identifiable dans toute la région ; dans chaque village il peut y avoir jusqu'à cinq *kumbu*. Les membres de chacun de ces groupes se considèrent comme frères ; ils choisissent d'une à trois « femmes communes » parmi celles obtenues par la force, en échange de services rendus, ou achetées[51]. Le *kumbu* paie une dot à la famille de chaque femme achetée, et cotise aussi pour les femmes des autres *kumbu* du village. Chaque «femme commune» achetée à une famille est symboliquement enlevée, à l'aurore, et défendue symboliquement par sa famille. Les groupes contigus en âge sont installés loin les uns des autres pour éviter toute rivalité. Pendant une période qui peut durer jusqu'à deux ans, les trois femmes d'un nouveau *kumbu* dansent et font l'amour avec les hommes de leur groupe (excepté ceux qui leur sont apparentés). Chaque nuit, sauf pendant certaines périodes (deuil, chasse, cérémonies d'initiation, grossesse, présence de la belle-mère), chaque femme reçoit un ou plusieurs hommes de son groupe, qui rivalisent pour la divertir. Au terme de ces deux ans, devant tout le village rassemblé, chaque «femme commune» passe devant les bâtons plantés dans le sol, face à la case, par les membres du *kumbu*, et elle renverse[51] ceux des hommes dont elle ne veut plus parmi eux. Les épouses collectives deviennent alors thérapeutes et médiatrices dans les conflits de la tribu ; elles ont le pouvoir de soigner le *sangha*, maladie qui provoquerait l'infidélité ; elles attirent des étrangers au village et les admettent dans leur lit en échange d'une taxe à l'entrée du *kumbu*. À l'inverse, si un homme veut passer une nuit avec une autre femme que celles de son propre groupe, il doit payer à celles-ci une amende comprise entre cinq et dix pièces de raphia. Les membres des kumbu vivent ensemble jusqu'à la mort. Quand le groupe perd un homme, son doyen organise un deuxième tour où des hommes se présentent devant les femmes, qui choisissent. Et ainsi de suite, si possible jusqu'à la disparition du dernier homme[51].

Le mariage de groupe se retrouve aussi très souvent dans les communautés de guerriers. Par exemple Platon, dans *La République*, proposait de mettre en commun toutes les femmes et tous les enfants des soldats. De même chez les Tupi du Brésil, un chef a plusieurs épouses qu'il prête à ses frères, à ses officiers, à ses visiteurs.

Au sein de ces communautés, le sort des enfants est très divers. Chez les Bashilele, dans le Kasaï, chacun appartient au clan de sa mère, et tous les membres du *kumbu* sont considérés comme son père[51]. Les enfants sont parfois élevés par les mères (Rhodes, Tetrun) ; par le frère de la grand-mère maternelle (chez les Trobriand) ; rarement par les pères (Wolof, Tamouls, Samoa) ; plus rarement encore chez les deux parents (Ashanti, Inuit, Sénoufo) ; plus rarement, enfin, chez le grand-père paternel (Melpa, Baruyas, Talensi[3]).

Comme dans les sociétés antérieures, les femmes font souvent tout ce qu'elles peuvent pour réduire la natalité, y compris par l'avortement qui tue beaucoup d'entre elles.

Ci-contre :
Aborigènes australiens
qui recommandent
les rapports
homosexuels entre
futurs beaux-frères avant
le mariage.
Tribu des Sweethearts,
1900.

Page de droite :
Devenir un homme,
chez les Baruya
de Nouvelle-Guinée,
passe par une initiation
exclusivement
homosexuelle jusqu'à
l'âge de 22 ans.

Dans toutes ces sociétés, l'homosexualité est présente et glorifiée. Sa pratique entretient parfois explicitement une phobie des femmes. Elle est aussi très souvent un rituel de passage à l'âge adulte. Chez les Baruyas, par exemple, elle est obligatoire entre adolescents à qui la masturbation est interdite, car leur sperme « appartient » aux hommes[34] ; ils pratiquent la fellation et ignorent la sodomie. À l'inverse, les Kasuas de Nouvelle-Guinée pratiquent la sodomie, mais pas la fellation. Chez les Azandès (Bantu), les jeunes adultes épousent de jeunes garçons dont les parents sont consentants et qui reçoi-

vent une « dot » au cours d'une cérémonie imitant le mariage avec une femme ; plus tard, ces jeunes adultes épousent la sœur du jeune garçon qui, devenu adulte, épouse à son tour une fille achetée avec une dot donnée par son ancien « époux ». Chez les aborigènes australiens, la coutume est encore différente, les rapports homosexuels sont recommandés entre cousins croisés et entre futurs beaux-frères, en attendant qu'aient grandi les sœurs qu'ils doivent épouser.

chapitre 3

Polyandrie

« Une pratique plus impardonnable
encore que la polygamie. »

L'ENCYCLOPÉDIE

I y a moins de 10 000 ans, *Homo sapiens sapiens*, invente la sédentarité. Le sacré bascule dans la glorification de la propriété des sols et des ancêtres qu'on y enterre ; les dieux sont désormais maîtres de la Terre autant que du Ciel. Presque partout, « être », « avoir » et « nommer » deviennent synonymes. Le nom de la tribu lie les gens et la terre, les vivants et les morts ; il marque l'unité des membres de la tribu, dit ce qu'ils ont été, ce qu'ils sont et ce qu'ils ont[3].

Les premières civilisations sédentaires organisent, dans des circonstances géographiques et climatiques données, la protection démographique du groupe autour de la défense de la propriété. Les murs, les remparts se construisent. Les villages se forment. L'élevage apparaît, invention d'agriculteurs. Les communautés d'hommes et de femmes se précisent et s'affinent ; en général, les enfants appartiennent plus nettement aux clans des femmes, qui les désignent du nom de leur propre lignée. Malgré les interdits, sexualité et amour se moquent des conventions et les font évoluer.

Dans nombre de ces premières communautés devenues sédentaires, surtout là où les terres fertiles sont rares, et quand les hommes doivent partir au loin faire la guerre, chaque femme est partagée entre plusieurs hommes sans que chaque homme dispose, pour autant, de plusieurs femmes. Le mariage de groupe se transforme ainsi en une *polyandrie*, dite de type *fraternel* : plusieurs frères partagent alors une seule femme. Puis, lorsque plusieurs hommes non apparentés prennent une femme en commun, ou lorsqu'une femme choisit elle-même plusieurs hommes, on parle de *polyandrie générale*. Dans ces sociétés, les femmes semblent prendre le dessus ; les hommes sont pour elles des objets sexuels, des pères, des frères, des employés, des mercenaires. Parfois aussi ils se respectent, apprennent l'un de l'autre, conversent et s'aiment.

La polyandrie a parfois une motivation économique. Quand les champs produisent peu, une famille ne peut se permettre de les morceler entre plusieurs frères ; aussi, un seul des frères issus d'une même mère, en général l'aîné, est autorisé à se marier, et partage son épouse avec tous ses frères. Les enfants nés de ces unions portent le nom du lignage maternel ; ils ne connaissent que leur mère et ne ressentent aucune affection pour leur père ; ils appellent le frère aîné « père », et les frères cadets « père-frère ». Même si l'un des frères se sait le père biologique de l'un des enfants, il n'a pas de droits particuliers sur lui. Les enfants issus de ces familles polyandriques se retrouvent ensuite à leur tour dans une situation analogue, c'est-à-dire que les filles ont plusieurs maris. En général, ces sociétés évitent d'avoir trop de nouveau-nés de sexe féminin et tendent à s'en se débarrasser.

Page précédente : Femme de l'ethnie des Mosuo, l'une des dernières sociétés matrilinéaires au monde. Dans ce système d'organisation sociale, la transmission, par héritage, de la propriété, des noms de famille, des titres ainsi que les origines passe uniquement par le lignage féminin. Tous les enfants appartiennent au clan de la mère. Aujourd'hui encore, au Yunnan (Chine), les femmes Mosuo vivent leur liberté sexuelle en toute indépendance, ce qui leur a attiré un tourisme sulfureux.

La polyandrie traverse les siècles ; elle existe dans certains empires matrilinéaires comme l'Égypte du troisième millénaire avant notre ère, et chez les plus anciens peuples paysans d'Asie. Dans certaines sociétés guerrières comme chez les Spartiates, les hommes, mobilisés au loin, n'ont pas le temps de s'occuper d'une famille et partagent une femme qui court ainsi moins de risques de devenir veuve. Hérodote décrit un autre peuple polyandre, les Gyndanes, habitant au sud-est de Carthage, où « les femmes portent aux chevilles un grand nombre d'anneaux de cuir qui ont, dit-on, un sens particulier : chacun représente un homme auquel la femme s'est unie. Celle qui en a le plus est la plus estimable à leurs yeux, puisque, disent-ils, elle s'est fait aimer du plus grand nombre d'hommes[38] ». César, on l'a vu, parle pour sa part de la polyandrie des Bretons, habitants de l'actuelle Grande-Bretagne, et, d'ailleurs, selon son ami Caïus Helvius Cinna, tribun de la plèbe, il s'apprêtait, juste avant sa mort, à promulguer une loi accordant aux femmes le droit de prendre autant de maris qu'elles voudraient[38].

Chez les Arabes d'avant l'islam, un groupe d'hommes limité à neuf peut avoir des relations avec une même femme, et ils peuvent même obtenir d'un mari le droit d'être les amants d'une de ses épouses.

Encore aujourd'hui, chez les Nayars[35] (ou Nairs) de Malabar et du Kerala (depuis le IIIe siècle avant notre ère en relation avec les Égyptiens, les Babyloniens, les Phéniciens et les Chinois), les filles (descendant par les femmes de la même ancêtre fondatrice de la lignée) sont d'abord mariées fictivement avec un homme lorsqu'elles atteignent la puberté ; puis elles ont autant

En haut :
Henri Serre,
Jeanne Moreau et
Oskar Werner dans
Jules et Jim, film de
François Truffaut, 1961.
« Il fallait, en parlant
de la situation la plus
scabreuse qui soit,
réussir un film d'amour
le plus pur possible »,
dira François Truffaut.
Photo Cauchetier.

En bas :
Polyandrie fraternelle
au Tibet où quatre
frères ont épousé
une seule femme.

Ci-dessus : Femmes tibétaines, l'un des derniers pays où se pratique aujourd'hui encore la polyandrie.

Ci-contre : Femmes du peuple Naxi, société matriarcale dite «sans pères ni maris», vivant autour du lac Lugu dans le Yunnan, Chine.

d'amants qu'elles le souhaitent, et même plusieurs partenaires simultanés[35]. Parfois, toujours chez les Nayars, s'établit une relation exclusive qui peut être rompue à tout instant par la femme. Les enfants sont toujours élevés par les frères de la mère qui leur transmettent des savoirs, des valeurs, des statuts, des titres, des fonctions, des richesses, des terres. Dans cette tribu, les hommes ne connaissent en général pas leurs enfants ; et les frères et sœurs n'ont pas le droit de déjeuner en tête à tête[35].

Ces Nayars impressionnèrent beaucoup les voyageurs occidentaux du XVIIe siècle. En 1610, le Hollandais Linscot note que la polyandrie est couramment pratiquée sur la côte de Malabar. Le Français Pyrard de Laval écrit qu'aux Maldives la polyandrie est coutumière. En 1699, le médecin Gabriel Dellon décrit la polyandrie dans la caste des nobles à Malabar[33]. Dans une lettre de février 1702 au père de La Chaise, le jésuite Tachard s'en indigne. Montesquieu, qui n'a pas, lui, d'autres preuves de l'existence de ces pratiques que ces récits de voyageurs, explique cette polyandrie par l'obligation faite aux hommes de se consacrer à la guerre : « Tout comme nous décourageons, en Europe, le mariage des soldats afin que leurs femmes ne constituent pas un obstacle devant leur départ pour la guerre, les tribus de Malabar avaient décidé qu'autant que possible les membres mâles de la tribu des Nairs seraient dispensés des responsabilités familiales. Et, étant donné qu'à cause du climat tropical de la région il n'était pas possible de bannir totalement le mariage, on avait décidé que plusieurs hommes s'occuperaient d'une seule femme pour qu'ils ne soient pas surchargés de responsabilités familiales et que leur efficacité professionnelle n'en pâtisse pas[49]. » En 1749, les *Nouvelles ecclésiastiques*, périodique janséniste, reproche à Montesquieu de justifier la polyandrie qui est, dit le journal, un « désordre monstrueux ». Voltaire qui, lui, ne croit pas en l'existence de cette tribu polyandre, se moque de Montesquieu : « L'auteur de *L'Esprit des lois* prétend que sur la côte de Malabar, dans la caste des Naïres, les hommes ne peuvent avoir qu'une femme et qu'une femme, au contraire, peut avoir plusieurs maris ; il cite des auteurs suspects [...]. On ne devrait parler de ces coutumes étranges qu'en cas qu'on eût été longtemps témoin oculaire. Si on en fait mention, ce doit être en doutant : mais quel est l'esprit vif qui sache douter ? [...] Soyons justes, aimons le vrai, ne nous laissons pas séduire, jugeons par les choses et non par les noms[61]. » Premier voyageur moderne au Tibet en 1774, l'Écossais Bogle y décrit lui aussi des pratiques polyandres.

Enfin, l'*Encyclopédie*, dans son article « Polyandrie », non signé, la juge « une pratique plus impardonnable que la polygamie[28] ».

La polyandrie n'a pas disparu. Elle n'est pas une pratique légendaire ou dépassée. Elle est encore aujourd'hui pratiquée au Ladakh où, pour éviter le morcellement de la terre, seul l'aîné des garçons d'une famille, elle-même polyandre, est autorisé à épouser une femme qui devient commune à tous ses frères[35]. Lorsqu'une femme et ses maris décident du mariage de leur fils aîné, ils l'envoient rendre visite à un voisin qui a une fille à marier ; après la troisième visite, le jeune homme déclare son intention de prendre femme ; on amène alors la jeune fille qui doit décider librement : si elle consent à épouser le jeune homme, elle épouse aussi tous ses frères. Après les épousailles, les parents du marié demeurent avec les nouveaux mariés jusqu'à la naissance du premier enfant ; ils abandonnent alors toute leur fortune aux jeunes époux. Si l'un des frères du mari ne veut pas participer au mariage de son frère, il peut quitter la maison familiale et s'installer sur une très petite partie des terres de la famille pour tenter de fonder son propre foyer, monogame ou non[35]. Si une famille n'a qu'un fils unique, celui-ci est envoyé vivre chez une femme ayant déjà deux ou trois autres maris. En cas d'absence durable d'un des frères, une femme peut choisir un célibataire ou un veuf non apparenté pour prendre sa place. Si une femme reste stérile, ses maris pensent que c'est de leur faute et invitent chez eux des voyageurs dans l'espoir qu'ils les rendront pères[35]. Dans ces villages de l'Himalaya où la terre est rare, la productivité faible et la production agricole très saisonnière, la polyandrie représente encore aujourd'hui parfois plus de la moitié des unions. Partout ailleurs, c'est beaucoup moins. Ainsi, dans la vallée du Dingri, avec une population mixte de Dü-jung et de Thongpa, 72 % des mariages sont monogames, 20 % polyandres, 8 % polygynes.

Chez d'autres peuples comme les Guayakis du Brésil, le mariage polyandre n'était – et n'est pas – limité au fait d'épouser des frères : une femme a le droit d'avoir un nombre illimité de maris ou d'amants, même s'ils ne sont pas apparentés entre eux ; et une femme est d'autant plus convoitée qu'elle a déjà eu un grand nombre d'amants ; aussi une jeune fille enceinte avant même son premier mariage est-elle entourée des marques du plus grand respect, et se voit très convoitée ; si une Guayaki ayant déjà plusieurs époux remarque un jeune homme, elle peut l'emmener chez elle, coucher avec lui,

Polyandrie fraternelle au Ladakh. Ici, une femme et ses maris, tous frères, avec leurs enfants communs.

puis annoncer à ses maris qu'elle vient de prendre un nouveau compagnon et l'installer avec les autres. L'un des époux peut aussi être favorisé par l'épouse commune. Dans cette tribu, les enfants sont attribués à chaque homme.

Chez les Mosuo, ethnie du sud-ouest de la Chine, vivant dans la province du Yunnan autour du lac Lugu, la polyandrie non fraternelle est pratiquée depuis au moins trente-trois siècles[55]. Ils sont aujourd'hui soixante-dix mille. Selon leur cosmogonie, quatre sœurs, descendantes d'une seule grand-mère, ont eu une dizaine de fils et de filles ; de génération en génération, les filles ont gardé le pouvoir d'imposer la polyandrie. Filles et garçons sont complètement libres de choisir chaque soir un partenaire différent, dit *axia*, ou « ami ». Seules les relations entre mère et fils, et entre frère et sœur, sont taboues [55]. Certains Mosuo n'ont qu'un *axia* au cours de leur vie, d'autres en ont une centaine. Chaque soir, les hommes se présentent sous la fenêtre de la jeune femme qu'ils convoitent ; cette dernière choisit celui avec qui elle veut passer la nuit, et la mère de la jeune fille est tenue de recevoir tout amant de sa fille. Plus l'homme vient de loin, plus le prestige de la femme est grand, même si ce garçon n'est que de passage. Les femmes sont « la source », les hommes sont « les voyageurs » [55]. Si un homme mosuo n'est pas accepté par une fille, il doit s'en éloigner jusqu'à en trouver une autre qui l'accepte. S'il ne trouve personne, il va dormir chez un oncle. Les

« Maison des hommes » où vivaient les célibataires d'un village au Brésil. Cette maison était interdite aux femmes, qui, si elles s'en approchaient, risquaient d'être capturées pour être violées. État du Mato Grosso, Claude Lévi-Strauss, mission Dina 1935-1936, musée du Quai Branly, Paris.

hommes travaillent peu, car les femmes pensent qu'ils doivent se reposer dans la journée pour être plus vaillants la nuit. Si le garçon travaille, il peut offrir des tissus, du thé, voire de l'argent. La fille offre au garçon des pantalons, des ceintures. La femme mosuo demeure le chef de famille ; les enfants sont élevés par les frères de la mère. L'homme mosuo peut vivre dans la famille d'une femme pendant un court laps de temps, mais ne fait jamais partie de cette famille. Plusieurs fois l'an, l'homme va rejoindre pour quelques jours sa compagne attitrée. Le lien entre eux peut durer quelques mois, quelques années ou jusqu'à la mort. Toutefois, si une fille veut interrompre une relation, il lui suffit de fermer sa porte au garçon. La transmission du nom est féminine, la propriété communautaire ne s'agrandit pas de génération en génération et ce genre de vie semble convenir à tous : l'abandon des personnes âgées, l'infanticide féminin, les conflits de voisinage sont pratiquement inexistants. Le niveau de vie des Mosuo est d'ailleurs relativement élevé, comparé à celui des autres minorités nationales environnantes[55]. Si, depuis 1949, une partie d'entre eux sont devenus monogames, beaucoup reviennent aujourd'hui à la polyandrie. Et cette communauté est si fascinante que lors du cinquantième anniversaire de la création des Nations unies, les Mosuo ont reçu le titre de « communauté modèle ».

Dans d'autres régions de l'Inde, à Ceylan, au Tibet, en Mongolie et en Corée, la polyandrie se maintient. Elle est mentionnée dans les récits du *Mahabharata*. Arjuna, l'un des cinq Pândava, fait la conquête de Draupadî, incarnation de Shrî, déesse de la prospérité et de la splendeur du royaume. Au retour d'Arjuna, sa mère, Kunti, est convaincue qu'il rapporte de la nourriture et l'invite à partager son butin avec ses frères. Elle déclare : « Jouissez-en tous en commun. » La parole d'une mère est un ordre irrévocable. Draupadi devient la femme commune des cinq frères Pandava. Pour le faire admettre au père de Draupadi, on lui raconte l'histoire d'une fille de roi qui aurait demandé à Shiva un « époux parfait », et qui, pour se faire mieux comprendre, aurait répété cinq fois sa demande. « Qu'il en soit ainsi,

Chez les Mosuo, la femme préfère travailler et laisser l'homme se reposer afin qu'il soit plus vaillant au lit.

Polyandrie

En haut :
Famille Mosuo, ethnie
polyandre de Chine, où
l'aînée du clan est chef
de famille. Les enfants
sont élevés par les
oncles maternels.

En bas :
Les filles et garçons
Mosuo sont libres
de choisir chaque soir
un partenaire sexuel
différent.

Esclaves Dinka du Bénin,
tribu où les femmes
se marient entre elles,
soit deux à deux,
soit à plusieurs.
Louis Vossion, collection
anthropologique
du prince Bonaparte,
types du Soudan,
1884, BNF, Paris.

lui aurait répondu Shiva, tu auras donc cinq maris. » La polyandrie se rencontre aussi aujourd'hui encore au Népal, au Sikkim, en Inde chez les Todas, chez les Kalmouks, les Esquimos, les Shoshone du Nevada, les Iroquois, les Aléoutes, les Kuriaks, les Yanomamis du Venezuela, les Cosaques Zaporogues, les Maoris de Nouvelle-Zélande, les Guanches des Canaries, les Tasmaniens, et certaines tribus aux Marquises, aux îles Canaries et au Mali. Chez les Chuckee de Sibérie, une femme est mariée à un seul homme, mais est autorisée à avoir des amants. Chez les Rhadés du Vietnam et les Tatum de Timor, les femmes paient pour avoir des hommes en nombre illimité. Dans ces sociétés, seules les femmes les plus riches peuvent attirer plusieurs hommes et la majorité d'entre elles restent monogames.

Autres cas particuliers au Bénin et au Nigeria : chez les Yoruba, les Ibo, les Bamenda et les Dinka, des femmes se marient entre elles, soit à deux (une femme stérile, mariée à un ou plusieurs hommes, se marie avec une autre femme qui devient l'épouse des maris de la première ; les enfants qui naissent alors appartiennent à l'épouse nouvelle), soit à plusieurs (une femme riche peut épouser plusieurs femmes et les laisser avoir des relations sexuelles avec leur commun mari), cas qui s'identifie à la polygynie.

Au total, et quelle que soit la forme qu'elle prend, la polyandrie est encore pratiquée aujourd'hui par environ 1 % de la population du globe.

Cérémonie de mariage iroquois, peuple pratiquant la polyandrie. Gravure de Henrion. Missions catholiques, 1846.

chapitre 4

Polygynie

« Je te permets de boire ; permets-moi d'aimer.
Tu changes de vin, souffre que je change de femme. »

Ben-Abdoul-Kiba, *Miroir des fidèles*

I y a 8 000 ans, en Chine et au Moyen-Orient où la terre et les femmes ne sont pas rares, la propriété se précise, la division du travail se complexifie, les richesses se concentrent, la paix s'installe pendant de longues périodes. L'espérance de vie dépasse désormais 30 ans ; l'espèce humaine commence à bénéficier d'un peu de temps pour vivre un amour ou plusieurs, et pour transmettre son savoir aux générations suivantes. Surtout, mutation majeure, l'homme comprend son rôle dans la procréation : les enfants sont *de* lui, donc *à* lui. Il veut en avoir le plus grand nombre, et donc les concevoir avec le plus grand nombre de femmes, pour travailler sur la plus vaste étendue de terre afin qu'ils l'aident à préparer au mieux son passage dans l'au-delà.

Dans ces premières sociétés polygynes, c'est-à-dire dans presque toutes les sociétés à partir de la sédentarisation, les femmes constituent la partie la plus précieuse du patrimoine de l'homme[3] : elles portent et élèvent les enfants, font la cuisine, fabriquent les vêtements, organisent la cueillette. Elles sont, avec la terre, un bien fertile, c'est-à-dire capable de produire d'autres biens par lui-même. L'épargne est investie dans des terres et des femmes. La femme n'est plus placée sous l'autorité de ses frères, mais sous celle de son père qui peut, lui-même, la céder à un mari. Les veuves, n'ayant plus de propriétaire, n'ont plus d'existence ; ce sont des êtres déchus, promis à la mort immédiate ou à la réclusion[3].

Un homme n'existe vraiment que s'il est propriétaire d'au moins une femme. Plus un homme a de sœurs à échanger, plus il peut obtenir d'épouses. Plus un homme et son clan ont de femmes, plus ils sont riches. Le chef – général, prêtre et guérisseur à la fois – est celui qui en possède le plus. Il est le maître des interdits, du calendrier, de la chasse, de la terre et de l'ensemble des femmes.

Comme il y a, en moyenne, autant d'hommes que de femmes dans chaque clan, celui qui veut acquérir une nouvelle épouse doit aller vers l'extérieur et recourir à l'échange, à la ruse ou à la violence. Quand l'homme achète une femme, la parole échangée entre celui qui achète et celui qui vend fait le mariage ; cet achat peut dégénérer en conflit en cas de rupture d'engagement[3]. Si un homme se procure une femme par la force ou par la ruse, s'il conteste l'achat d'une femme par un autre, s'il s'empare des femmes d'un autre, le conflit éclate. C'est même la principale cause des premières guerres entre tribus sédentaires ou nomades.

Un homme riche ayant plusieurs épouses a intérêt à avoir des filles (qui servent de monnaie d'échange contre d'autres épouses) et des garçons (qui l'aident, le révèrent et accomplissent les rites nécessaires lors de son

Deux des concubines de l'empereur Yongzheng, XVIIIᵉ siècle. Dans la Cité interdite, les concubines résidaient près du cabinet de travail de l'empereur. Collection particulière.

décès). En général, le fils aîné est seul autorisé à être polygyne, mais il arrive très souvent que les autres fils, sans droits clairement définis, se lancent dans des guerres de succession. Chez les pauvres, les relations amoureuses et sexuelles limitées à la monogamie imitent parfois la polygynie par l'usage de la prostitution et des cérémonies religieuses où se mêlent érotisme et prière, offrant au peuple un éphémère accès à la polygynie des riches.

Il y a six millénaires, la polygynie devient le principal mode d'organisation de nombre de sociétés. Elle est encore aujourd'hui légale ou tolérée dans de très nombreuses sociétés d'Amérique, d'Afrique, du Moyen-Orient et d'Asie, c'est-à-dire chez plus du tiers de l'humanité. Dans beaucoup de ces sociétés, aujourd'hui encore (tout comme, on le verra, dans nombre de sociétés monogames), les époux ne se connaissent pas avant le mariage ; très souvent, la femme est mariée de force, enfant ou adulte. Le premier but de ces unions décidées et contrôlées par les familles n'est pas de permettre aux individus de satisfaire leurs désirs sexuels ou de combler leurs amours, mais de faire naître des enfants, de transmettre des héritages et d'assurer le maintien de l'ordre social.

Aussi, là où les conditions géographiques, climatiques et politiques sont particulièrement favorables, c'est-à-dire là où se concentre en fait le maximum de population, le mariage de groupe se transforme en une polygynie sororale, et non pas, comme sur les terres stériles, en polyandrie fraternelle : chaque homme épouse d'abord plusieurs sœurs avant d'épouser plusieurs femmes non parentes. L'accumulation de richesses est avant tout une accumulation de femmes.

D'abord, dans les temps les plus reculés et dans maintes civilisations, la polygynie dérive du mariage de groupe : pour s'assurer une descendance, un homme épouse toutes les sœurs d'une même famille. Chez les Indiens Tupi Kawahib du Brésil central, un homme peut épouser plusieurs sœurs, ou une mère et les filles que celle-ci a eues avec d'autres hommes ; les enfants de cette tribu sont élevés par l'ensemble des coépouses sans que nulle ne se préoccupe plus particulièrement des siens[3].

En Chine, dès les tout premiers royaumes, le mariage de groupe se transforme aussi en polygynie sororale[31] : chaque Chinois doit pouvoir fournir au moins une servante à ses aïeux et le nombre de femmes auquel a droit chaque homme dépend de son rang social : un paysan est monogame ; un noble ordinaire a droit à deux épouses ; un grand officier à trois ; un seigneur fieffé à neuf ; et le roi à douze, comme le Ciel qui a besoin de douze mois pour tout produire. Ces femmes doivent être unies par un lien de parenté pour que la jalousie ne s'installe pas entre elles. Nul ne peut prendre plus de deux sœurs dans une même famille ; le reste doit venir de nièces, en sorte de créer un lien avec la génération suivante. En réalité, l'empereur chinois compte beaucoup plus d'épouses encore si l'on englobe ses concubines. Leur vie est organisée de façon très précise : l'impératrice, première épouse, a ses quartiers sur l'axe central de la Cité interdite ; les onze autres épouses et les concubines résident dans des maisons situées dans les douze cours intérieures, à l'est et à l'ouest de la ligne centrale. L'impératrice commande à trois autres femmes qui dirigent chacune trois femmes de

troisième rang, lesquelles ont autorité sur trois femmes de quatrième rang[31]. Un noble ordinaire ou un grand officier prend ses deux ou trois femmes dans une seule famille, et en une fois ; un seigneur fieffé prend ses neuf épouses dans trois seigneuries relevant d'une même famille. L'aînée des sœurs devient la femme principale. Elle est autorisée à faire l'offrande à son beau-père, et elle est la seule épouse à être admise à manger à la table de son seigneur ; elle appelle les autres épouses « sœurs cadettes » et a pleine autorité sur elles[31].

La fréquence et le rituel des rapports sexuels du Chinois avec chacune de ses épouses sont fixés par un protocole immuable. Chacun en connaît les conditions avec précision, les cadettes ayant moins de droits que les aînées ; ni les femmes ni le mari ne peuvent le changer. La vie sexuelle d'un homme se termine, disent les rites, à 70 ans. Si l'épouse principale vient à mourir avant lui, la suivante lui succède. Quant aux veuves, elles sont recluses[31].

Malgré ces règles strictes, l'amour et la rivalité se glissent entre les lignes du protocole chinois. Un mari peut préférer une des sœurs ; une autre peut tomber amoureuse d'un autre homme si elle a l'occasion, très rare, d'en croiser. Le mari a le droit de tuer une femme adultère ; s'il refuse de le faire, elle est vendue comme esclave au profit du budget de l'État, maître de la sexualité.

L'actrice Gong Li dans
Épouses et Concubines
de Zhang Yimou, 1991.

Pièce de Peter Brook,
inspirée du
Mahabharata,
épopée de
la mythologie hindoue.
La Partie de dés,
Avignon, 1985.

Avec le temps, néanmoins, le protocole chinois évolue : quand il n'est plus possible de faire venir toutes les femmes de la même famille, on va les chercher au loin, dans une autre province. Entre les sœurs, et peut-être davantage encore entre les femmes provenant d'horizons divers, surgissent alors plus fréquemment rivalités et jalousies. Alors éclatent des drames passionnels.

C'est là que naît la littérature amoureuse, c'est-à-dire l'art de faire vivre à des auditeurs ou à des lecteurs, par procuration, la vie amoureuse de héros imaginaires comme substitut à celle qu'on ne peut vivre soi-même. On en trouve trace dans la littérature chinoise, par exemple au XVIIIe siècle avec *Le Rêve dans le pavillon rouge* où se mêlent passion, séduction, érotisme.

Dans la péninsule indochinoise comme dans le reste de l'Asie, la polygynie, sororale ou non, est aussi très courante. Il est de règle, pour un paysan, d'avoir plusieurs épouses pour cultiver ses champs. Et un homme doit traditionnellement convoler avec toutes les sœurs de sa première épouse. Au Laos en particulier, se sont tenues jusqu'à très récemment encore des

« cours d'amour » où se rencontraient dans l'enceinte d'un temple, à l'occasion des fêtes lunaires bouddhiques, les jeunes gens d'un même village, sous la surveillance d'une vieille femme. C'était l'occasion de joutes oratoires à l'issue desquelles les hommes se choisissaient de nouvelles épouses en nombre illimité. Naturellement, le nombre d'épouses dépend du rang social. Ainsi, à sa mort en 1883, l'empereur d'Annam Tu Duc avait cent trois femmes en son palais.

En Inde, comme dans beaucoup d'autres sociétés, les femmes, mariées dans leur enfance à un mari qu'elles ne rencontraient qu'à la puberté, n'avaient pas le droit de survivre au décès de leur époux, même s'il mourait avant qu'elles ne soient devenues adultes. Dans certaines circonstances, ces vierges veuves ont aujourd'hui le droit de subsister en recluses.

À la différence du bouddhisme pour lequel l'acte sexuel est fugace, éphémère, illusoire, ni repoussé ni recherché, les textes sacrés de la tradition hindouiste, les *Véda*, le *Ramayana*, le *Mahabharata*, le *Bhagavad-Gita* reconnaissent et encouragent la polygynie ; les textes du *Dharma-Sastra* distinguent même huit façons de se procurer des femmes, dont quatre par la force (intérêt, désir, violence, convoitise). D'après les lois indiennes de Manu, rédigées quinze siècles avant notre ère et qui prônent la polygynie, il est interdit à un homme de révéler à l'une de ses femmes son intimité avec une autre, comme de permettre à l'une de lui dire du mal des autres. Maints ouvrages racontent comment vit un seigneur indien polygyne au Moyen Âge ; comment il doit, après avoir devisé avec chacune de ses femmes (les vierges, les concubines et les bayadères), recevoir la visite de la responsable de son palais qui lui désigne celle avec laquelle il pourra passer la nuit, accompagnée des servantes de celles dont le tour a été passé pour cause d'indisposition ; elles lui présentent des parfums envoyés par leurs maîtresses et il accepte les flacons de celle qu'il a choisie[19].

En Inde encore, la polygynie des maîtres s'accompagne de fêtes orgiaques du peuple : la sexualité libre est aussi une façon de compenser la monogamie nécessaire et d'approcher un Dieu qui n'est que jouissance[19]. Les prostituées au service d'un dieu sont des figures très répandues. Le paradis est même décrit, dans le monde indien, comme une union sexuelle multiple où des hommes, des femmes et des créatures célestes s'enlacent dans un orgasme éternel[19]. Pour accéder à ce Nirvana, les adeptes du yoga tantrique pratiquent des orgies secrètes dites « cercles d'ivresse » ou « noces de Shiva », permettant d'atteindre un stade supérieur de connaissance de soi et de maîtrise des pulsions sexuelles[19]. D'innombrables textes en stipulent les règles. Le *Kamasutra* apparaît au Ve siècle de notre ère ; il constitue le premier répertoire connu de soixante-quatre postures de l'amour, reproduites à l'infini sur les murs des temples Chandelas[19].

Au Tibet, pourtant le pays traditionnel de la polyandrie, la polygynie existe aussi : si la terre est fertile et qu'une famille n'a que des filles, l'aînée prend un époux (ou *magpa*) qui s'installe sur la propriété familiale ; ses sœurs deviennent alors les épouses du *magpa* et collaborent aux tâches familiales.

Détail de fête orgiaque dans une fresque du temple jaïn de Ranakpur en Inde, aussi appelé « temple des prostituées » à cause de ses statues dénudées, XVe siècle.

Polygynie

Interdite aux hommes,
la cour des femmes
du palais d'Amber,
ancienne capitale
du Rajasthan. Depuis un
balcon, le maharadjah
choisissait celles avec
lesquelles il voulait
passer la nuit. Inde.

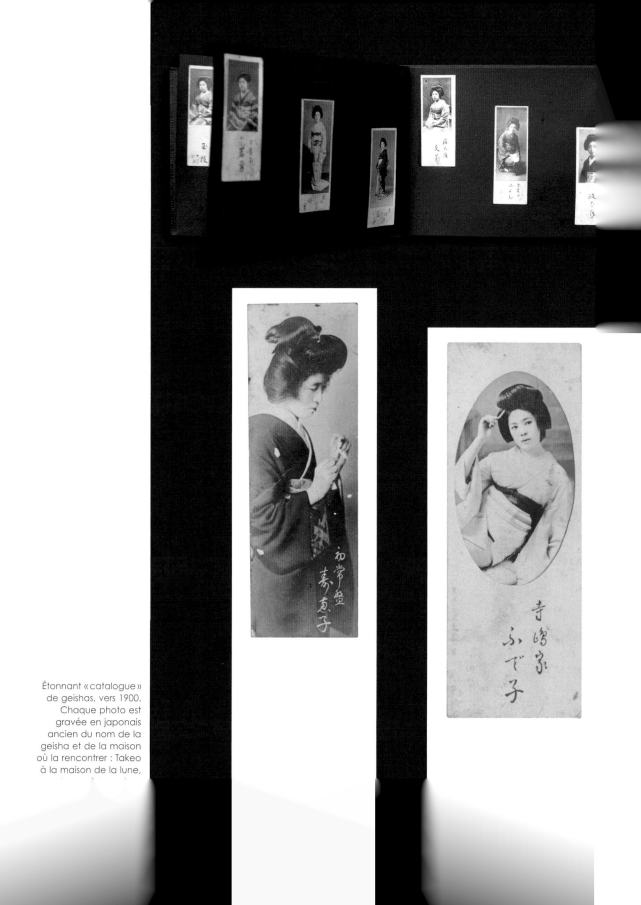

Étonnant «catalogue»
de geishas, vers 1900.
Chaque photo est
gravée en japonais
ancien du nom de la
geisha et de la maison
où la rencontrer : Takeo
à la maison de la lune,

Au Japon, l'homme peut avoir, en sus d'une femme légitime, plusieurs *mehaké* dont les enfants sont traités sur le même pied que les légitimes, et des *geishas* qui sont là pour le distraire et le cultiver. L'homme peut s'en réserver l'usage ou faire appel à des professionnelles, parfois recrutées sur catalogue. La rivalité entre les unes et les autres fait naître la littérature amoureuse et érotique dont un des premiers chefs-d'œuvre est, dans la première décennie du XIe siècle, le *Dit du Genji*.

En Australie, l'homme aborigène peut choisir plusieurs femmes parmi des fillettes et les élève lui-même jusqu'à la puberté.

En Afrique occidentale, chez les Yoruba, les Ibo, les Bamenda du Nigeria, les Dinka du Bénin, les Mossi du Burkina Faso, la polygynie est aussi de règle et permet d'assurer le travail des terres[3]. Tous les hommes, même les plus pauvres, doivent avoir plusieurs épouses ; les enfants sont répartis après le sevrage entre les différentes coépouses qu'ils aident aux champs. On remarque que la terre est mieux cultivée par des familles polygynes : chez les Fang du Gabon et du Cameroun, l'aire moyenne est de 230 ares pour les monogames et de 719 ares pour les polygynes[3].

En Égypte, les pharaons et les grands seigneurs, même s'ils choisissaient souvent leur sœur comme première épouse, étaient polygynes et conquéraient des femmes en des lieux divers.

Aux Comores, où la polygynie est de règle, les mariages sont successifs et on ne célèbre avec faste que le « grand mariage » avec la favorite du rang social le plus élevé, dont les enfants héritent de tout.

Chez les Nuers, un homme peut épouser, en sus de ses propres femmes, d'autres femmes au nom d'un oncle paternel, d'un frère ou d'une sœur décédés sans enfant ; il prélève alors sur le bétail du défunt le montant de la « dot », laquelle est versée en son nom à la famille de ces nouvelles épouses. C'est le « mariage fantôme ». Les enfants nés de ces unions considèrent leur géniteur comme un oncle paternel ou comme un frère ; le mort est le mari légal, et les enfants sont socialement et légalement les siens[3].

La Bible s'inscrit dans la même tradition. Depuis sa fondation il y a plus de quatre mille ans, le peuple hébreu, comme tous les peuples de Mésopotamie où la terre est fertile, pratique la polygynie. Le texte biblique en rend compte. Même si, en apparence, Adam n'a qu'Ève auprès de lui (« Il n'est pas bon que l'homme soit seul : je veux lui faire une aide qui soit semblable à lui »,

Gn, II, 18, 2), même si la femme est présentée d'emblée comme la tentatrice dont l'homme doit se méfier, il est admis que la polygynie est nécessaire et que la femme y a des droits. Un des cinq livres de la Bible, le Deutéronome, fait clairement référence à la possibilité de bigamie : « Si l'homme a deux femmes, l'une aimée et l'autre odieuse » (Dt, XXI, 15). À la différence ce qui est autorisé chez la plupart des autres peuples polygynes, les filles ne peuvent se marier qu'avec des hommes de la même tribu (Nb, XXXVI). Le père a tout pouvoir sur ses enfants – jusqu'à ce que Moïse interdise aux pères de les tuer (Lv, XX, 2-5 ; Dt, XXI, 18-21).

Plusieurs textes bibliques font l'apologie de l'amour physique. Le Cantique des cantiques commence par : « Qu'il me baise des baisers de sa bouche. Tes amours sont plus délicieuses que le vin. » Mais la sexualité n'est pas totalement libre, et le Lévitique décrit les perversions dont le Juif doit se garder. En fait, la femme est toujours perçue comme une tentatrice, et, pour en rendre compte, le Talmud, recueil de commentaires de la Bible, fait intervenir un autre symbole de la féminité, Lilith, dont on ne trouve qu'une seule mention (Is, XXXIV, 14) : première femme créée par Dieu en même temps qu'Adam, elle refuse de lui laisser la maîtrise de la relation sexuelle et se rebelle contre Dieu, qui l'éloigne d'Adam. Elle devient alors le serpent qui entraîne Ève, sa remplaçante, puis Adam à s'opposer à l'ordre de Dieu, vouant l'humanité à subir les conséquences du péché originel. Lilith devient ensuite la reine des vampires et force les hommes à avoir des relations sexuelles à leur insu, durant leur sommeil, les tue, s'abreuvant du sang de ses victimes et donnant naissance à des démons[19].

Pour la Genèse (II, 18 et 22-24), le mariage, dont la nature est polygyne, est voulu par Dieu. À la différence de ce qu'il est dans la plupart des sociétés précédentes ou voisines, chaque mariage hébreu est l'occasion d'une cérémonie religieuse au temple en présence de prêtres. C'est un acte libre et réversible : la répudiation comme le divorce sont autorisés à l'initiative des hommes ou des femmes. Si les hommes ont plusieurs femmes et plusieurs concubines, toutes ont les mêmes droits. Une concubine gardée trois ans devient de droit une épouse légitime, sinon « elle sortira sans payer aucun argent ». Si un père donne à son fils une esclave pour concubine, « il fera pour elle selon les droits des filles », c'est-à-dire qu'il la traitera comme s'il mariait sa propre fille (Gn, II, 21). Une veuve est obligatoirement mariée au frère cadet de son défunt mari, et un homme doit épouser la sœur de sa femme morte : survivances du temps où un groupe de frères épousait un groupe de sœurs. Le nombre d'épouses n'est pas limité, et si l'adultère est proscrit par les commandements, cela ne vise pas à prohiber la polygamie,

Polygynie

Illustration du
Cantique des cantiques,
déclaration d'amour
à Dieu ou à un autre
être humain.
F. Kupka, 1905-1909,
musée d'Art et d'Histoire
du Judaïsme, Paris.

mais à interdire de séduire une des femmes d'autrui : c'est un interdit lié à la propriété, non à la sexualité. En revanche, l'inceste est proscrit et Loth sera maudit pour avoir été séduit par ses filles.

Même si tous les personnages importants de la Bible sont polygynes, à commencer par Lamech, descendant de Caïn à la sixième génération, qui « prit pour lui deux femmes » (Gn, IV, 19), tous ont en fait une épouse principale : ainsi Sarah, femme d'Abraham, qui, lorsqu'elle comprend qu'elle ne lui donnera pas d'enfant, lui propose sa servante égyptienne, Agar : « Voici maintenant que l'Éternel m'a rendue stérile ; viens, je te prie, vers ma servante, peut-être aurai-je des enfants par elle. » De même, Rachel devient la femme principale du fils de Jacob qui travaille quatorze ans chez son futur beau-père et épouse successivement deux sœurs, Léa puis Rachel, lesquelles lui apportent en dot deux autres femmes ; Rachel, comme Sarah, « lui donna Bila, sa servante, pour femme, et celle-ci lui donna deux fils ».

La Bible ne fait pas de la conquête de femmes une obsession mobilisant toutes les énergies masculines. La polygynie n'est évoquée et acceptée que comme une façon commode de vivre. Les Hébreux doivent penser à autre chose, en particulier prier, étudier, travailler, créer. Les prophètes mettent

Les Filles de Loth enivrant leur père, tableau illustrant la relation incestueuse. Attribué à François Le Moyne, XVIIIᵉ siècle, musée Lambinet, Versailles.

d'ailleurs sans cesse en garde contre l'excès de préoccupation pour les choses du corps. En particulier dans le livre des Juges, l'Écriture s'inquiète du nombre excessif de femmes des rois : « Qu'il n'ait pas beaucoup de femmes pour lui et que son cœur ne dévie pas » (Dt, XVII, 16).

En même temps, le judaïsme fait surgir une idée radicalement neuve : si Dieu est encore à craindre, Sa créature est à aimer ; aussi chaque homme doit-il « aimer son prochain comme lui-même ». Si Dieu est encore, comme dans toutes les religions précédentes, jalousie, Il devient compassion : on peut s'adresser à Lui ; on Lui doit amour, et Il rend l'amour. L'amour de Dieu crée ainsi l'homme comme sujet de l'histoire. Il permet à la femme de devenir, elle aussi, un sujet libre d'aimer son prochain. L'amour d'un homme et d'une femme n'est donc qu'une des variantes minimales de l'amour que chaque être humain doit à tous les autres, amour total, mi-charité, mi-justice.

Le judaïsme ouvre ainsi à la reconnaissance des droits de l'autre qui conduira progressivement à l'égalité entre hommes et femmes, et, entre autres, à la monogamie.

De fait, quand, vers l'an mil avant notre ère, David devient roi du royaume d'Israël, la polygynie est encore, comme partout ailleurs, source de guerres et de conquêtes : David a six femmes à Hébron et douze autres à Jérusalem ; pour conquérir l'une d'entre elles (Bethsabée, qui lui donnera plusieurs fils, dont son successeur, Salomon), il n'hésite pas à faire tuer son mari. Salomon, lui, entretiendra sept cents femmes. Après lui, le royaume d'Israël sera découpé en morceaux.

Après la destruction du dernier royaume hébreu, la polygynie persiste dans les communautés juives dispersées ; elle n'est jamais une finalité, seulement un mode de vie, une façon de prendre en charge les femmes du groupe ;

David, roi d'Israël, eut dix-huit femmes dont Bethsabée, mère de Salomon. Statue par Michel-Ange. Florence, Italie.

jusqu'à ce que – vers l'an mil de notre ère –, et seulement pour s'adapter aux règles du milieu où ils vivent, les juifs d'Europe abandonnent la polygynie sur la recommandation d'un grand maître de Mayence, Rabbi Gershom ben Yehudah. Il faudra attendre 1950 pour que la polygynie soit interdite aux juifs vivant en pays musulmans par un grand rabbin d'Israël.

En d'autres sociétés, la pression des femmes fait aussi évoluer la polygynie vers la monogamie – du moins en apparence. En Égypte, à la fin de la troisième dynastie, vers 2730 av. J.-C., la biographie de Méten, fils d'un scribe, soutient que la famille, à cette époque, devient monogamique, ce qui est faux. Hérodote (II, 92) écrit à propos des Égyptiens de son temps, cinq siècles avant notre ère : « Ils n'ont chacun qu'une femme, comme les Grecs[38]. » Sauf que les Grecs en ont plusieurs !

La pratique grecque est en effet loin d'être monogamique ; même si la société est, comme beaucoup de celles qui l'ont précédée, très largement dominée par les femmes (ou plutôt par les mères), nombre de citoyens des cités grecques ont droit à la polygynie, en tout cas à une pratique polygyne. Pour les Grecs, au IVe siècle avant notre ère, la femme est un être inférieur : selon Platon[53], elle est certes un être humain, mais radicalement infantile ; et l'amour n'est, pour les hommes, qu'un acte de perfectionnement, de dépassement de soi : l'important, pour un homme, est d'aimer le beau, pas d'en être aimé. Et donc de s'aimer soi, d'aimer d'autres hommes, ou la philosophie, ou l'art, mais pas des femmes. Il ajoute dans *Le Banquet* que l'acte sexuel entre un homme et une femme est un chemin de vérité, mais qu'il ne faut pas être esclave de ses passions. Plus tard, on tirera de ce texte l'idée – à laquelle Platon est totalement étranger – d'un amour dit « platonique ». Selon Aristote, la femme n'est pas même un être humain, elle est seulement de la matière informée par l'homme qui, seul, peut tendre à la perfection, qu'il ne saurait d'ailleurs atteindre qu'en s'aimant lui-même.

Toute la mythologie grecque, première littérature amoureuse intimement mêlée à une cosmogonie, est d'ailleurs fondée sur les dangers de l'amour qui détruit et unit tout à la fois : l'amour humanise Léda et détruit Œdipe. Il rassemble, comme dans l'*Odyssée*, ou détruit, comme dans l'*Iliade*. Éros, fils d'Aphrodite, déesse de l'Amour, dieu des amours profanes, tire des flèches d'or dans le cœur des humains et les tue métaphoriquement ; ils ne sont en tout cas plus eux-mêmes. Et Platon dit d'Antéros, frère d'Éros, qui sépare les êtres aimés : « Il ne se doute pas qu'en celui qui l'aime, c'est lui-même qu'il voit comme en un miroir : en sa présence, la cessation de ses souffrances se confond avec la cessation des souffrances de l'autre ; en son absence, le

*Tekeret adorant Osiris,
protégé par Isis
aux ailes déployées.
À l'image des dieux,
les pharaons, polygynes,
choisissaient souvent
leur sœur en première
épouse.
Époque ptolémaïque,
332 av. J.-C., musée
du Louvre, Paris.*

Jupiter prit la forme
d'un cygne pour
s'unir à Léda.
Léda et le cygne,
Véronèse, XVIe siècle,
musée Fesch, Ajaccio.

regret qu'il éprouve et celui qu'il inspire se confondent encore : il est un contre-amour qui n'est qu'une image réfléchie d'amour.[53] »

Les Grecs distinguent trois formes d'amour : l'*éros*, la *philia* et l'*agapè*. L'*éros* désigne l'attirance sexuelle ou le désir (aussi nommé *orgê*, agitation intérieure, effervescence sensorielle qui donne le verbe *organ*, désirer avec ardeur, et le substantif *orgasmos*). L'*agapè* désigne l'empathie, l'amour de la vérité, des autres et de l'humanité, l'altruisme. Enfin la *philia* désigne l'amitié. La plupart des citoyens grecs ont une épouse pour tenir leur maison, concevoir et élever leurs enfants, des concubines acquises ou enlevées, et des hétaïres (compagnes, amies, amantes) dont le statut relève parfois de la prostitution *(porneia)*. Démosthène explique : « Nous avons des hétaïres pour nos plaisirs, des concubines pour le service quotidien, des épouses pour nous donner des enfants légitimes et pour veiller fidèlement sur les affaires du ménage. » Les hétaïres sont d'abord des prêtresses qui se vendent contre de l'argent remis au temple, comme les hiérodules d'Aphrodite à Corinthe. L'hétaïre devient parfois la première femme d'un homme d'État ; elle peut être amenée à jouer un rôle public considérable ; ainsi, Aspasie, maîtresse de Périclès, institue des écoles d'hétaïres fréquentées aussi bien par des jeunes filles libres que par des femmes mariées[32]. Certains hommes ont aussi plusieurs épouses, en dehors des hétaïres : le roi Anaxandride, aimant

Renaud présentant un miroir à Armide, ou aimer comme en quête du reflet de soi. Le Dominiquin, XVIe siècle, musée du Louvre, Paris.

79

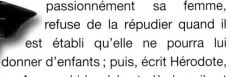

passionnément sa femme, refuse de la répudier quand il est établi qu'elle ne pourra lui donner d'enfants ; puis, écrit Hérodote, « Anaxandride céda et, dès lors, il eut deux épouses et deux foyers, ce qui ne s'était jamais vu à Sparte[38] ». Quel que soit leur statut, hommes et femmes grecs sont aussi supposés s'aimer, se respecter, apprendre l'un de l'autre.

Les interdits et obligations sont encore ceux des sociétés les plus anciennes et de l'amour de groupe : à Athènes, une fille doit épouser le frère de son père mort sans laisser de fils. Un Athénien peut épouser sa demi-sœur par son père, mais pas par sa mère. Un Spartiate peut épouser les deux. L'amour entre deux adultes du même sexe est considéré comme avilissant et indigne d'un citoyen honorable ; mais tout homme mûr, dit *éraste*, marié par ailleurs à une ou plusieurs femmes, peut prendre en charge intellectuellement et sexuellement un adolescent, dit *éromène*, pour en faire un digne citoyen. Les Grecs de l'Antiquité ne distinguent pas entre homosexualité et hétérosexualité, mais entre rôles actif et passif.

La mythologie romaine reprend presque mot pour mot la mythologie grecque sur Éros, devenu Cupidon ; on peut y lire la plus fabuleuse histoire de promotion sociale par l'amour : Aphrodite, devenue Vénus, s'oppose au mariage de son fils Cupidon, amoureux d'une simple mortelle, Psyché, et soumet celle-ci à de difficiles épreuves. Cupidon va se plaindre à Jupiter qui donne l'ordre à Mercure d'enlever Psyché et de lui faire boire de l'ambroisie, breuvage des dieux, pour la rendre immortelle. Le mariage est alors célébré. Une mortelle devient ainsi déesse par l'amour d'un dieu.

C'est à Rome que, au IIe siècle avant notre ère, on passe de la domination de la mère à celle du père, maître absolu des corps. L'accumulation des richesses n'est toujours pas consacrée à produire, mais à acheter les biens les plus fertiles de l'époque : terres et femmes. L'épouse principale se détache des autres, élève les enfants légitimes, gère la maison, dirige les

Éphèbe face à un pilier hermaïque, par un peintre de Pan, Ve siècle. av. J.-C. Musée Pergamon, Berlin.

autres femmes et les écarte peu à peu du lit du mari. Le mariage évolue lentement vers une apparence de monogamie. C'est à Rome, à cette époque, que s'amorce cette transition[14]. D'abord première épouse, la femme est bientôt la seule épousée, aux termes d'un contrat stipulant une dot versée par le père au mari. En réalité, les concubines restent tout aussi présentes que dans les sociétés antérieures, mais elles n'ont pas droit au mariage.

Le mariage fait partie désormais des devoirs du citoyen romain. Dix témoins apposent leur sceau sur un document officiel ; un augure inspecte les viscères d'un animal sacrifié ; une amie de la mariée (la *pronuba*) met la main de l'épouse dans celle du mari et l'épouse dit : « *Ubi tu Gaius, ego Gaia* » (« Là où tu seras le fiancé, je serai la fiancée »). Cinq joueurs de flûte accompagnent les nouveaux époux à la maison du marié, où des enfants leur lancent des noisettes : jeu puéril, gage de fertilité. Puis, la *pronuba* accompagne la mariée jusqu'au lit[14].

Les Romains distinguent quatre formes de mariage : le mariage arrangé, où le père vend sa fille à son gendre mais garde son autorité sur elle ; le mariage volontaire, où le père de famille transmet son autorité au futur mari ; le mariage *confarreatio*, réservé à l'aristocratie, où la fille conserve pour elle ses droits et ses biens ; et, enfin, le rapt.

Le mariage arrangé est conclu entre les pères des futurs époux ; ceux-ci ne font parfois connaissance qu'au moment de leurs fiançailles ; obligatoirement pubères, ils ne doivent pas être de proches parents (sœur ou tante) ; le mariage doit être monogame, cependant rien n'interdit au mari d'avoir des concubines. Sous la République, le père peut, s'il le décide, mettre fin au mariage.

Le mariage volontaire suppose le consentement du garçon et de la fille ; celle-ci peut refuser le futur époux s'il est réputé avoir une « conduite infâme ».

Le rapt, c'est-à-dire le mariage sans consen des parents, est puni de la peine capitale.

Le mariage entre esclaves n'est possible qu'avec l'assentiment du maître et peut être rompu de par sa seule volonté.

D'une grande beauté, Psyché, simple mortelle, inspira la plus vive passion à Cupidon. *Amour et Psyché*, marbre, IIe siècle, Galerie des Offices, Florence.

Le mariage arrangé ou volontaire n'est pas du goût de tous ; un censeur vivant un siècle avant Auguste, Quintus Caecilius Metellus Macedonicus, écrit : « Si on pouvait vivre sans femme, chacun vivrait sans une pareille gêne, mais comme la nature a prévu qu'on ne peut pas vivre bien avec elles ni non plus sans elles, il est préférable de juger en fonction d'une durable préservation de notre espèce plutôt que pour un plaisir passager[32]. »

Si l'adultère commis par les hommes est parfaitement licite, un mari qui ne dénonce pas publiquement sa femme adultère est considéré comme un proxénète. Les pères sont autorisés à tuer leur fille adultère ainsi que son partenaire ; et les maris trompés peuvent tuer les amants de leur épouse volage et divorcer. À partir de l'Empire, le divorce devient possible pour la femme sans aucune intervention de l'autorité publique : c'est une affaire purement familiale. Les tribunaux n'interviennent que lorsqu'il y a plainte. Et les divorcés ne peuvent se remarier entre eux.

Toutefois, ce mariage monogame n'interdit en rien la multiplicité des concubines, qui reste la règle. L'amour est de plus en plus présent dans la réalité ou en littérature. À Rome, Catulle, Horace, Tibulle, Properce, Ovide, Lucrèce sont célèbres comme poètes de l'amour. Suétone trouve la plus belle formule pour décrire en trois mots (« *Invitus invitam dimisit** ») un amour impossible, celui de Titus et Bérénice. Virgile écrit dans les *Bucoliques* : « Le cruel Amour ne se rassasie point de larmes, non plus que les prés d'eau, les abeilles de cytise, les chèvres de feuillage. » Souvent on ne sait pas si l'être aimé est d'un autre sexe ou du même : Virgile ajoute dans la deuxième *Bucolique* : « Pour le bel Alexis, chéri de son maître, Corydon, un berger, brûlait d'amour, sans aucun espoir. » Dans l'*Énéide*, il conte l'histoire de Nisus et Euryale, un homme mûr et un adolescent qui puisent dans leur amour réciproque le

Scène de rites nuptiaux sur un sarcophage romain en marbre de l'âge des Antonins, IIIe siècle. Basilique Saint-Laurent-Hors-les-Murs, Rome.

* « Malgré lui, malgré elle, il la quitta. »

courage de mourir en héros. Jules César est même surnommé «l'homme de toutes les femmes et la femme de tous les hommes ». Néron fait châtrer un de ses esclaves avant de le prendre publiquement pour « épouse ». Catulle écrit : «Si, sur tes yeux doux comme le miel, Juventius, on me laissait mettre sans relâche mes baisers, j'en mettrais jusqu'à trois cent mille sans me sentir jamais rassasié. » Quant à l'empereur Hadrien, il aime tant un jeune Grec de Bithynie, nommé Antinoüs, qu'il en fait un dieu, et que des jeux seront organisés en sa mémoire pendant près de deux siècles.

Comme celles des autres peuples, les relations amoureuses et sexuelles des Romains sont aussi faites de prostitution et de fêtes religieuses offrant au peuple un accès éphémère à la polygynie des riches. Ces fêtes, nommées bacchanales en l'honneur de Bacchus, nom latin de Dionysos, renouent avec les orgies grecques, leur violence et leurs dérives[19]. Tite-Live raconte : «Quand le vin, la nuit, et le mélange d'hommes et de femmes, de jeunes et de vieux, les avaient échauffés, alors s'éteignait tout sentiment de pudeur et commençaient des débauches *[corruptelae]* en tout genre ; chacun prenait son plaisir dans le domaine où il pouvait satisfaire ses caprices. Les rapports intimes entre hommes et femmes n'étaient pas le seul délit, mais de la même officine venaient aussi des faux témoins, des fausses signatures et des faux testaments ainsi que de fausses informations, des empoisonnements et des

Fresque érotique
retrouvée dans
l'une des dix chambres
d'un lupanar à Pompéi.
Cet établissement
était réservé à
une clientèle aisée.

meurtres dans des familles où l'on ne retrouvait même pas les corps pour les enterrer[19]. » La polygynie reste en pratique autorisée jusqu'aux tout derniers empereurs romains, tant pour eux-mêmes que pour les plus riches : quoique se disant chrétien, Valentinien Ier épouse Justine du vivant de sa première femme, Severa, mère de l'empereur Gratien. Valentinien II confirme l'autorisation donnée aux sujets de l'Empire de s'adonner à la polygynie. En 314, Constantin, devenu chrétien, la supprime, au moins en théorie, en reprenant à son compte, on le verra, la prescription monogame de saint Paul. Toutefois, la pratique reste polygyne pendant mille ans encore.

À la fin de l'Empire romain, la polygynie est aussi de règle chez tous les autres peuples soumis à la *pax Romana*. Chez les Germains, l'idée d'une épouse principale n'existe même pas : l'homme achète ses femmes (*Verlobung*) aux pères qui les cèdent (*Trauung*) ; si un homme veut répudier une femme, il doit seulement restituer sa dot. Il est interdit d'épouser un ou une esclave sous

Bacchanales, fêtes renouant avec la violence et la débauche des orgies grecques. Haut-relief, Aimé-Jules Dalou, 1899, musée d'Orsay, Paris

peine d'être réduit en esclavage, comme chez les Francs, ou condamné à mort, comme chez les Wisigoths [14]. Chez les Scythes, comme en beaucoup d'autres sociétés de ce temps, toutes les femmes accompagnent leur mari dans la tombe. Hérodote, qui les a observés bien auparavant, écrit à leur propos[38] : « Après avoir déposé le corps dans la tombe, ils ensevelissent, après les avoir étranglés, une de ses concubines, son échanson, un cuisinier, un écuyer, un serviteur, un messager, des chevaux. » À propos d'un autre peuple voisin de la Grèce, les Thraces, il a noté : « À la mort d'un homme, une violente contestation s'engage entre ses femmes, sous le contrôle attentif de ses amis, pour décider de son épouse préférée. La femme qui sort victorieuse de cette compétition reçoit tous les éloges des hommes et des femmes ; puis son plus proche parent l'égorge sur la tombe de son mari, et on l'ensevelit à ses côtés. Les autres épouses du mort sont vivement affligées de survivre : c'est pour elles le plus grand des opprobres. » Quand l'Empire romain est envahi par les Germains, les coutumes de ces peuples envahissent, de fait, le droit romain.

Au Vᵉ siècle de notre ère, dans la péninsule arabique, la polygynie reste une des cinq sortes de relations conjugales autorisées, avec la monogamie, l'*istibdhâ* (où le mari peut demander à sa femme d'avoir des rapports sexuels avec un autre homme, qu'il choisit), la « prostitution » (où une femme peut avoir plusieurs compagnons successifs) et la polyandrie (où la femme a plusieurs maris simultanés) [32].

Avec l'avènement de l'islam, au VIIᵉ siècle, le Coran est alors le premier texte religieux à limiter la polygynie[17] : pas plus de quatre femmes. Encore le Prophète n'est-il lui-même polygame que très tardivement : il se marie à 25 ans avec une veuve âgée de 40 ans, et n'épouse une autre femme qu'après la mort de sa première épouse, pour s'occuper de leurs enfants. Il épouse ensuite deux veuves ; puis une esclave, pour la faire libérer ; puis la fille du chef des Mecquois, pour raison politique ; enfin la fille d'un de ses amis, Abu Baker, soit neuf femmes au total. À l'occasion de chacun de ces mariages, il offre aux épouses précédentes le choix de le quitter. Par son exemple, il encourage chaque fois à la polygynie pour des raisons spécifiques.

Pour l'islam naissant, cette polygynie est d'autant plus nécessaire que le sultan a besoin de soldats et d'hommes pour protéger les veuves, à commencer par celles des soixante-dix Mecquois polygynes morts pendant la razzia d'Uhud. La polygynie est donc permise, mais c'est la première fois qu'une religion limite le nombre de femmes autorisées, pour des raisons de « justice » ; dans sa quatrième sourate, le Coran impose un nombre maximum d'épouses : « Si vous craignez d'être injustes pour les orphelins, épousez des femmes qui vous plaisent. Ayez-en deux, trois ou quatre, mais si vous craignez d'être injustes, n'en épousez qu'une seule, ou bien des esclaves, de peur d'être injustes. » Un peu plus loin, la même sourate ajoute : « Vous ne pouvez jamais être justes envers vos femmes, même si vous le désirez ardemment. » Une autre sourate, la trente-troisième, complète : « Ô Prophète, dis à tes épouses : si vous voulez jouir de la vie du monde et de ses parures, venez à moi. Je vous en ferai profiter et vous répudierai d'une façon honorable. »

Le mariage musulman ne fait pas l'objet d'une cérémonie religieuse à la mosquée ni d'une dot. La femme est en général achetée à son père. Un notaire, au domicile du mari, établit un contrat et lit la première sourate du Coran.

C'est alors que sur le modèle des neuf épouses du Prophète, auxquelles le Coran demande de se retirer dans leur demeure (XXXIII, 33), s'institue le « harem » (en arabe : l'exclu, le séparé, l'interdit), partie de la maison strictement réservée aux femmes, elles-mêmes dénommées harimât, « les interdites ».

Entre le VIIIe et le Xe siècle, les sultans, les seigneurs et autres grands personnages des royaumes musulmans, qui conquièrent alors une grande partie du Moyen-Orient, sont, comme tous les autres puissants du monde, polygynes. Comme ailleurs, la polygynie est un privilège des puissants et elle justifie les conquêtes pour se procurer des femmes. Comme les radjahs hindouistes, les sultans d'Arabie et des autres royaumes de confession musulmane se constituent ouvertement de gigantesques harems (véritables villes closes, comme Khiva, en Perse) peuplés de femmes conquises ou achetées aux quatre coins du monde. Oubliée, la limite de quatre épouses !

Au Moyen Âge, le harem d'un sultan du Maroc, Ismaïl Moulay, compte deux cents femmes et huit cents enfants. Au XVIIIe siècle, un médecin anglais recense cent soixante pensionnaires dans un autre harem, toujours au Maroc. À Istanbul, les harems impériaux ottomans hébergent en moyenne six cents femmes, qu'elles aient été offertes au sultan, prises lors de guerres ou achetées sur les marchés aux esclaves[1]. Ces femmes sont placées sous l'autorité d'une « grande maîtresse » et reçoivent une éducation raffinée. La khas-odalisk est responsable de la garde-robe, et le harem est gardé par des eunuques (privés, soit intégralement, soit partiellement, de leurs attributs sexuels, mais qui, murmure-t-on, savent faire jouir les femmes à leur manière). Jalousies, intrigues, rivalités sexuelles, conflits dans la gestion des « tours » et empoisonnements y sont de règle[1]. Le désœuvrement « exacerbe des penchants pervers et la neurasthénie », note le voyageur vénitien Nicolo Manucci qui séjourne dans un harem en Inde au milieu du XVIIe siècle

Algérie. — Behanzin ex-roi du Dahomey et ses femmes

« Amis, tous amis ! »

En haut :
Le Coran est le premier
texte religieux à limiter
la polygynie dès
le VIIe siècle : pas plus
de quatre femmes.

En bas :
Intérieur d'un harem
à Alger en 1852.

Polygynie

Palais des vents à
Jaipur. Derrière cette
somptueuse façade,
« orgue en pierre rose »,
comme l'écrivait André
Malraux, se nichent des
loges d'où les femmes
du harem pouvaient
contempler le spectacle
de la rue qui leur
était interdite.
Rajasthan, Inde.

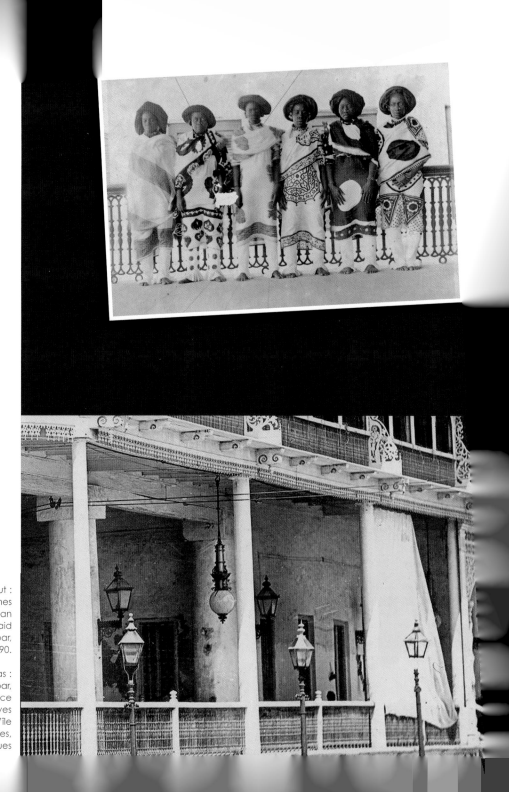

En haut :
Six femmes
du sultan
Ali Bin Said
de Zanzibar,
vers 1890.

En bas :
Harem à Zanzibar,
où le commerce
d'esclaves
approvisionna l'île
en ouvrières,
domestiques

et qui raconte : « Une des femmes d'Assad Khan, le *wazir*, avait pour nom Naval Bae et m'affirma qu'elle n'avait d'autre pensée que d'imaginer le moyen de contenter son mari et de l'empêcher de se rendre auprès des autres femmes[1]... »

Pour d'autres observateurs occidentaux du XIXe siècle, la pensionnaire du harem est beaucoup plus libre que l'épouse européenne dans un mariage bourgeois. Lady Montaigu, qui inspire à Ingres *Le Bain turc*, explique que les femmes des harems peuvent y donner libre cours à leurs passions, constituer même un groupe de pression contre le pouvoir, alors qu'en Europe la femme est seule, soumise à son père, puis à son mari[1]. « Les femmes turques sont, écrit-elle, peut-être plus libres que n'importe quelles femmes de l'univers, et les seules femmes au monde qui mènent une vie ininterrompue de plaisirs, libre de toutes contingences matérielles et dédiée aux visites, aux bains ou à d'agréables loisirs. »

Il n'est pas rare que les maîtres de harem écrivent des poèmes en l'honneur de l'une ou l'autre de leurs épouses ou concubines. En général, pour celles qu'il convoite plus que pour celles qu'il possède déjà. L'amour y est souvent présenté comme un chemin vers le sacrifice : chez les Arabes comme chez les Perses, la passion (le *hub*) mène au martyre, car rien n'est plus noble que de sacrifier toute identité à l'être aimé, de taire son amour et d'en mourir[19].

L'amour et la sexualité sont d'ailleurs des thèmes majeurs de la littérature arabe, marquée par l'obsession des performances sexuelles masculines[19]. Un certain Nafzaoui conte l'histoire d'une certaine Zahra qui impose à un cavalier de déflorer quatre-vingts vierges en une nuit sans éjaculer, à un esclave noir de faire l'amour à une certaine Mûna cinquante jours d'affilée, et à un jeune homme de se tenir devant trente jeunes femmes nues sans avoir d'érection[19]. D'autres sont d'une crudité très moderne ; ainsi, un texte du XIVe siècle, *Les Ruses des femmes*, raconte[19] : « S'étendant sur le lit, elle se plaça sur le dos et me fit tomber sur sa poitrine. Puis elle laissa entendre un grand râle, que suivit un mouvement de coquetterie. Ensuite elle releva la tunique et en arrêta les bords au-dessus de ses seins arrondis. En la voyant ainsi, je ne pus m'empêcher de faire pénétrer mon instrument en elle, après

Groupe d'eunuques noirs gardant les principaux harems de Khartoum. Louis Vossion (1847-1906). Collection anthropologique du prince Bonaparte : types du Soudan, 1884, Société de géographie-BNF, Paris.

avoir sucé sa lèvre, pendant qu'elle gémissait, m'adressait des mots de tendresse et d'humble soumission, sanglotait, versait des larmes... » Un auteur
arabe du XVe siècle, Abd al-Rahman al-Souyoûtî, écrit[19] : « Le plus grand des
instruments virils a pour longueur douze pouces, ce qui équivaut à trois fois la
main fermée, le plus petit six pouces, soit une fois et demie la main fermée.
Certains hommes possèdent un instrument de douze pouces, d'autres de
dix pouces, soit deux fois et demie la main fermée ; d'autres de huit pouces,
soit deux fois la main fermée... » Enfin, on peut lire dans un autre texte de la
même époque une étonnante apologie du plaisir féminin[19] : « Les femmes
attendent de l'homme, au moment du coït, qu'il ait un membre énorme, des
oreilles fines, une poitrine légère, un tour de reins volumineux, une éjacula-
tion lente, une érection rapide. [Elles veulent] que son sexe soit long, capable
d'atteindre le fond du vagin pour le remplir pleinement et s'y étendre totalement. Celui-là est loué par les femmes. »

Après la chute de l'Empire romain, la polygynie reste pratique courante chez
les grands personnages et les monarques d'Occident même si, on le verra,
l'Église tente alors d'imposer la monogamie. Les rois francs Gontran,
Charibert, Sigebert, Chilpéric donnent l'exemple. Le premier, en particulier, a
en même temps pour épouses légitimes Vénérande, Marcatrude et
Austrichilde. Charibert a pour épouses Méroflède, Marcovèse et Théodichilde.
Dagobert Ier a trois femmes. Le roi Théodebert, déjà marié à Visigalde, épouse
Deuterie. Son oncle Clotaire épouse la veuve de son frère Clodomir, quoiqu'il
ait déjà trois autres femmes. Et cela n'est pas réservé au seul monarque.
L'Église, d'ailleurs, s'en accommode. En 726, le pape Grégoire II autorise
même un homme à avoir deux femmes si la première « est attaquée d'une
maladie qui la rende peu propre au devoir conjugal ». De même, les cinq premières générations de ducs de Normandie (de Rollon à Robert le Magnifique)
sont polygynes[32].

Quand, au XIIe siècle, la chrétienté rencontre l'islam, les croisés ne se privent
pas de constituer et d'entretenir des harems en Terre sainte, malgré les prin-
cipes de la foi qu'ils sont supposés être venus y défendre.

Quand la chrétienté se fait plus exigeante et directive, la confrontation
devient plus nette et la polygynie n'est plus revendiquée que par l'islam.

Au début de la Renaissance, une des plus belles illustrations s'en trouve
dans un récit de Ben-Abdoul-Kiba, *Le Miroir des fidèles*, qui rapporte la
réponse d'un vizir du grand Soliman à un envoyé de Charles Quint qui lui
reproche sa polygynie. C'est une superbe tirade empreinte d'humour et de
tolérance[19] : « Chien de chrétien pour qui j'ai d'ailleurs une estime toute
particulière, peux-tu bien me reprocher d'avoir quatre femmes, selon nos

Polygynie

Les récits de Lady
Montaigu, épouse
de l'ambassadeur
d'Angleterre à Istanbul
au XVIIIᵉ siècle, et
première ethnologue
de l'Orient, inspirèrent
à Ingres *Le Bain turc*.
Musée du Louvre, Paris.

saintes lois, tandis que tu vides douze quar-
tants par an, et que je ne bois pas un verre de
vin ? Quel bien fais-tu au monde en passant
plus d'heures à table que je n'en passe au lit ?
Je peux donner quatre enfants chaque année
pour le service de mon auguste maître ; à peine
en peux-tu fournir un. [...] Malheur à tout
musulman assez tiède pour ne pas donner
retraite chez lui à quatre jolies filles en qualité de ses légitimes épouses, et
pour ne pas les traiter selon leurs mérites !... Je te permets de boire ;
permets-moi d'aimer. Tu changes de vins, souffre que je change de
femmes. Que chacun laisse vivre les autres à la mode de leur pays. Ton
chapeau n'est point fait pour donner des lois à mon turban ; ta fraise et ton
petit manteau ne doivent point commander à mon doliman. Achève de
prendre ton café avec moi et va-t'en caresser ton Allemande, puisque tu en
es réduit à elle seule ! »

En Europe, malgré tous les efforts du christianisme, la polygynie
perdure, en réalité, dans de nombreux secteurs de la société jusqu'au
XVIIIe siècle. Dans la pratique, les rois de France restent polygames jusqu'à
Louis XV. La Réforme n'y aura rien changé : en 1539, Philippe, landgrave
de Hesse, converti à la religion réformée, n'en reste pas moins polygyne
avec l'accord de Luther. Les seigneurs font de même ; pas les bourgeois,
pour qui l'obsession d'accumuler passe par l'argent plus que par les
femmes. Parfois même, quand la démographie l'exige, des peuples entiers
redeviennent polygynes : le 3 février 1650, après la guerre de Trente Ans,
la diète de Nuremberg réintroduit officiellement la polygynie[32] : « Puisque le
besoin du Saint Empire romain exige le remplacement de la population
mâle détruite par l'épée, la maladie et la faim, il sera permis à chaque
homme, pendant les dix années à venir, de se marier avec deux femmes.
Tout citoyen honorable à qui il est donné de prendre deux épouses doit
pourvoir à leur entretien d'une façon convenable et empêcher tout sentiment d'hostilité entre elles. »

Tout à sa théorie des climats, Montesquieu attribue alors la polygynie dont
les voyageurs lui parlent au fait que la chaleur, en Asie et en Afrique, pro-
duirait plus de filles que de garçons, « à la différence de nos contrées froides
d'Europe[49] ». À la même époque, William Cowper, lord chancelier
d'Angleterre, épouse deux femmes et rédige un livre en faveur de la polygynie[32]. Voltaire note un peu plus tard : « J'ai connu un des souverains, dans
l'Empire d'Allemagne, dont le père, ayant épousé une luthérienne, eut

permission du pape de se marier à une catholique, et qui garda ses deux femmes [61].» Il ajoute : «Il est des cas où l'intérêt des familles et même de l'État demande qu'on épouse une seconde femme du vivant de la première, quand cette première ne peut donner un héritier nécessaire. La loi naturelle se joint au bien public, le but du mariage étant d'avoir des enfants[61]... »

Au XIXe siècle, alors que la polygynie continue d'être la règle en Asie, en Afrique et au Moyen-Orient, surgit aux États-Unis une secte explicitement polygyne et qui se dit chrétienne : les mormons. Un jour de 1843, Joseph Smith, leur chef de file, troublé, dit-il, par la polygynie des Patriarches, prétend recevoir une révélation du Ciel : «Un homme qui épouse dix vierges, si elles lui sont données par la Loi, ne peut commettre d'adultère, car elles lui appartiennent.» Il théorise : les noces de Cana sont des noces polygames ; Jésus-Christ, né de la polygamie, est polygame ; Marie-Madeleine et Marthe sont les femmes de Jésus ; la polygynie est donc de règle parmi les fidèles de la nouvelle foi. Pour prendre une nouvelle épouse, tout mormon doit obtenir le consentement de la première, du chef suprême de l'Église, ainsi que des parents de celle qu'il veut épouser. Le successeur de Joseph Smith à la tête de la secte, Brigham Young, épouse vingt et une femmes et déclare le 22 mars 1862 : «Le système monogamique non seulement dégrade la famille humaine physiquement et intellectuellement [...], mais c'est une incitation à la tentation et cela a toujours été une cause de malédiction pour le peuple.» Le gouvernement de Washington met du temps à réagir et il faut attendre 1890 pour que le président des États-Unis interdise la polygamie : quiconque cohabite avec plus d'une femme est passible de six mois de prison et de la perte de ses droits civiques. Beaucoup d'hommes refusent de céder et vont alors en prison, soutenus par leurs familles. Le chef des mormons, John Taylor, proteste : «Croyez-vous que nous devions obéir aux lois des États-Unis ? Oui, à toutes sauf une ! En fait, je ne l'ai pas transgressée ! Quelle est cette loi ? La loi relative à la polygamie.» De nos jours, 2 % des mormons vivent encore dans une famille comprenant plusieurs épouses.

Au total, la polygynie est encore autorisée – ou tolérée – aujourd'hui, dans des pays représentant près du tiers de la population de la planète. Seulement 10 % des hommes y ont plusieurs femmes ; ce sont en général les plus riches, qu'ils soient jeunes ou vieux. On la trouve évidemment pratiquée dans tous les pays musulmans, mais aussi dans des régions animistes, hindouistes et même chrétiennes : quand les hommes émigrent en masse vers les villes, les derniers paysans se retrouvent souvent en charge de plusieurs femmes. En Égypte comme en Jordanie, 8 % des hommes ont plus

En haut :
Mormons emprisonnés
pour polygamie en 1950
à Salt Lake City,
États-Unis.

En bas :
Mormon et ses six
femmes sur le pas de
leur porte. Pour prendre
une nouvelle épouse,
cet homme devra avoir
le consentement de
la première de ses
épouses, des parents
de celle-ci et du chef
suprême de son Église.

PHILIPPINES

Chef T'Boli et deux de ses femmes. Tribu animiste installée depuis deux mille ans dans les montagnes, au sud de Mindanao, les T'Bolis pratiquent toujours la polygamie. Elle reste toutefois le privilège des chefs du clan. L'homme qui veut prendre plusieurs femmes doit prouver à ses pairs qu'il a toutes les aptitudes du patriarche. La première épouse, traitée comme la favorite, règne sur le « datu », maison familiale. C'est à elle qu'il incombe de répartir équitablement l'ensemble des tâches ménagères et agricoles entre les autres épouses, qui lui doivent obéissance. En 1945, l'un des chefs T'Bolis comptait 23 femmes. Aujourd'hui, ses descendants sont tous polygames.

Aujourd'hui, 45 pays à travers le monde autorisent la polygynie. Ils ne sont pas tous musulmans. Certaines sociétés occidentales très avancées la tolèrent même. En France, il existerait environ trente mille ménages polygynes, pour l'essentiel issus d'une seule ethnie africaine, les Mandé.

Mexique

Chef de groupe Lacandon,
avec ses femmes et ses enfants
en 1930. La société des
Lacandon au Mexique,
composée d'Indiens mayas
vivant au Chiapas, autorise
toujours la polygamie et le
divorce. Elle est dirigée par des
chefs héréditaires, de filiation
patrilinéaire, qui délèguent leur
autorité sur les communautés
villageoises à des chefs locaux.
La terre, propriété de chaque
village, est distribuée en
parcelles aux différentes
familles. Les Lacandon sont
établis sur un territoire isolé
d'environ 9 000 kilomètres
carrés, occupé par une
épaisse forêt tropicale où,
à l'époque précolombienne,
les Mayas ont construit les plus
remarquables de leurs cités.
La religion et la médecine
traditionnelle restent ancrées
dans cette société, en dépit
de la disparition progressive
de certaines pratiques et
cérémonies. B.N.F., 1930

Bangladesh

Bengladeshi devant chez lui
avec ses femmes et ses enfants
en 1950. Comme dans
beaucoup de pays musulmans,
la polygamie est encore légale
au Bangladesh où un homme
doit demander l'accord à sa
première épouse d'en prendre
une seconde. La majorité
des mariages ne sont pas
officiellement légalisés, tout
comme les naissances. Même
si les démarches administratives
pour l'obtention du certificat
de mariage sont simples, leur
méconnaissance et le faible
niveau d'alphabétisation de
la population génèrent des
situations compliquées dans
la vie des familles. L'absence
de contrôle des unions et des
individus favorise, de fait, la
polygamie. Par ailleurs, si l'un
des partenaires du couple
ou de la famille décède,
les réclamations du, ou des,
conjoints restent sans effet
puisqu'il n'existe aucune preuve
légale de leur union. Des
campagnes d'information sont
aujourd'hui organisées pour
faire connaître les avantages
de légaliser les unions entre

Palais d'Amber.
Surplombant la vallée,
ce moucharabieh
permettait à la femme
du maharadjah
de guetter les allées et
venues de son époux.
Rajasthan, Inde.

d'une épouse. En Syrie, un homme qui veut prendre une seconde épouse doit simplement apporter la preuve qu'il en a les moyens. En 1958, l'Irak en avait interdit la pratique, mais elle a été rétablie par Saddam Hussein en 1994. En Arabie Saoudite, 16 % des hommes ont deux épouses, 6 % en ont trois, et 2 % en ont quatre ou plus. En Côte d'Ivoire, comme dans un certain nombre de pays d'Afrique de l'Ouest, le nombre d'épouses est limité à quatre. On retrouve aujourd'hui la polygynie dans des pays musulmans très peuplés comme le Pakistan, le Bangladesh, l'Indonésie, le Nigeria. De même en Amérique centrale chez les Lacandon, en Chine chez les musulmans ouïgours, au Bénin, au Swaziland où le roi Mswati III a officiellement douze femmes, mais aussi en Inde où les hindouistes sont plus volontiers polygames que les musulmans.

Il arrive même que des hommes réussissent à faire créer des associations de femmes favorables à la polygynie. Ainsi entend-on dire en Égypte par des associations dites féministes : « La polygamie permet aux femmes de se garder un espace de liberté », elle est « une solution contre l'immoralité et l'adultère qui dominent dans les sociétés occidentales ».

Au total, quarante-cinq pays de par le monde, la plupart musulmans, autorisent la polygynie. Elle est aussi tolérée dans les sociétés occidentales les plus avancées. En France, il existerait environ trente mille ménages polygynes, pour l'essentiel issus d'une seule ethnie africaine, les Mandé. Il existe d'autres cas analogues hors des foyers d'origine africaine : en Occident, d'innombrables hommes vivent plus ou moins ouvertement avec

En Arabie Saoudite,
16 % des hommes ont
encore deux épouses,
6 % en ont trois,
2 % quatre... ou plus.

naar van vijftig schilderijen per dag

...rboer (1924-2005) laat zijn vijf vrouwen loodsen vol kunst na

À Amsterdam, l'artiste Anton Heyboer, disparu en 2001, épousa cinq femmes tout au long de sa vie : Maria (1961), Elsa (1965), Marike (1974), Joke (1975) et Petra (1978).

Anton Heyboer met vier van zijn vijf vrouwen.

...oorlog door de Duitsers opgepakt — helft van een SS-teken... ...die hij verbouwde en uitbreidde. ...schommelden tussen de honderd ...er dag. In de la...

plusieurs femmes, qui le savent, l'ignorent ou font semblant de l'ignorer. En Belgique, un certain Serge Régnier vit officiellement avec trois femmes, dont deux sœurs qui n'ont pas de relations sexuelles entre elles ; ils ont trente enfants. À Amsterdam, Anton Heyboer, artiste peintre néerlandais mort en 2001, vivait ouvertement avec cinq femmes : Maria, épousée en 1961, dont il divorça pour en épouser successivement quatre autres sans en quitter aucune (Elsa en 1965, Marike en 1974, Joke en 1975, Petra en 1978). En France, un grand chef cuisinier n'a-t-il pas reconnu publiquement en 2006 être polygame ?

En Thaïlande enfin, où la polygynie n'est pas légale, elle fait parfois les titres des journaux, comme lors du récent mariage à Bangkok d'un ingénieur de 24 ans, Tao, avec des jumelles. Et c'est sans compter avec les innombrables cas de polygynie dissimulés dans les tiroirs secrets de la monogamie…

chapitre 5

Invention de la monogamie

« Celui qui épouse sa fiancée fait bien,
mais celui qui ne l'épouse pas fera encore mieux. »

PAUL, *ÉPITRE AUX CORINTHIENS*

Page 104 :
Scène d'accordailles chez les Ansariès, en Syrie, au XVIIIᵉ siècle. La femme prend la main de son fiancé, se met dos à dos avec lui, et, sa main gauche dans la main gauche du jeune homme, se renverse sur son épaule. L'homme fait le même mouvement, jusqu'à ce que leurs joues se rencontrent. Ce consentement réciproque est nécessaire pour échanger, avec un baiser, une promesse de mariage. Gravure de F. Regamey, *Tour du Monde* (1885).

Ci-contre :
Rarissime découverte archéologique faite en 2007 que ces amoureux enlacés l'un contre l'autre depuis… 6 000 ans ! Musée de Mantoue, Italie.

A FAMILY OF NEW SOUTH WALES

De tout temps, fût-ce à titre très provisoire, hommes et femmes ont eu des relations monogames : d'abord, ils ne font en général l'amour qu'à deux. Cette relation peut être autre que sexuelle et éphémère ; elle est parfois aussi sentimentale et durable. Il arrive encore qu'elle ne soit qu'affective, faite de partage et de considération. Sauf si l'on accepte d'avoir beaucoup de célibataires ou de se lancer dans des conquêtes extérieures, la monogamie est enfin socialement nécessaire en raison de l'égalité génétique du nombre des naissances de filles et de garçons. La monogamie pour maintenir l'équilibre des sexes.

Vivre en couple paraît, dès lors, une condition de survie. La femme en tire une protection, l'homme y puise de l'aide ; c'est le moyen pour les deux d'avoir des enfants qui peuvent prêter main-forte au travail et soutenir les parents devenus vieux. Mais la fidélité monogame n'est en général qu'une obligation à laquelle se résolvent les plus pauvres, faute de disposer des moyens d'être polygynes ; et, en tout cas au début, c'est une pratique que nulle loi, nul prêtre ne viennent bénir, contrôler ou imposer.

Chez les peuples premiers qui la pratiquent un peu partout dans le monde, la monogamie n'est que provisoire ; les couples se rompent facilement par la mort ou par le caprice de l'un ou de l'autre – le plus souvent celui des hommes. Les couples durent rarement plus de dix ans et les enfants ne vivent pas autant avec leurs deux parents. Quant à l'amour monogame et fidèle, on en a peu de traces, hormis peut-être une exception : ces ossements retrouvés à Mantoue, au sud de Vérone, enterrés là il y a 5 000 à 6 000 ans, ceux d'un homme et d'une femme jeunes, enlacés, étonnant témoignage d'un amour jusque dans la mort.

Presque partout – aujourd'hui encore sur une large partie de la surface du globe –, le mariage monogame n'est pas une histoire d'amour. Il est l'union de deux familles pour protéger des terres ou pour les réunir, et les époux n'ont pas leur mot à dire. Très longtemps, les femmes ne rencontrent les hommes qu'à l'heure des épousailles, monogames ou non, imposées par les familles. Puis, ils se croisent à l'occasion de cérémonies religieuses ou au temple qui devient un lieu d'approches sensuelles, voire érotiques.

Le mariage monogame, comme le polygame, est en général fondé chez ces peuples premiers sur la décision des parents, parfois aussi sur la passion ;

Chez les aborigènes en Océanie comme partout ailleurs, le surgissement de la monogamie n'est pas une histoire d'amour. C'est une condition de survie.

rarement sur la connivence intellectuelle, comme c'est encore le cas aujourd'hui chez les Touareg, où un garçon tente de séduire une fille en répondant aux énigmes qu'elle lui pose ; s'il a réponse à tout, s'il n'est pas détrôné par un concurrent plus imaginatif, il emporte une bague appartenant à la jeune fille et peut prétendre l'épouser. Chez les Bédouins, qui perpétuent de très vieilles traditions, le mariage idéal monogame est celui du fils avec la veuve d'un frère du père. Naguère, chez les Touareg, c'était celui de l'enfant d'un frère et de celui d'une sœur ; la famille du jeune homme offrait à celle de la jeune femme une « compensation matrimoniale » (*taggalt*) d'un montant égal de mère en fille ; un marabout « attachait » le mariage devant les témoins des deux familles, dans le campement de la mariée qui partait ensuite avec sa tente, le mobilier et la *taggalt* dans le campement du marié. En Inde, où le mariage monogame des anciennes sociétés s'est peu à peu généralisé, il ne peut avoir lieu qu'entre gens d'une même caste, et la famille de la fiancée verse une dot à la famille du marié, en général sous forme de bijoux. Dans le sud de l'Algérie, chez les Ouled-Nails, les filles gagnaient naguère leur dot en se livrant à la prostitution. Ce mariage monogame des peuples premiers est en général précaire. Chez les Kikuyus (Kenya), chaque homme, chaque femme se marie six ou sept fois dans sa vie. Chez les Hopis d'Amérique du Nord, paysans cultivant le maïs et dont la cosmogonie est à la source de celles des deux Amériques, le divorce est à la discrétion des femmes, propriétaires de la maison conjugale dont elles peuvent chasser à leur guise le mari, simplement en déposant ses affaires sur le seuil.

Partout où elle existe aujourd'hui, la cérémonie monogame est la manifestation d'une reproduction sociale et d'une transmission de valeurs à la génération suivante, sans qu'en général intervienne un prêtre ou un moine, et sans passer par un temple.

Procession hindoue à Malabar, où la cérémonie de mariage, laïque, se nourrit de superstitions.

Chez les hindouistes, la cérémonie (la même que celle qui unit un homme à chacune de ses femmes, s'il est polygyne) est strictement laïque, même si elle se nourrit de superstitions diverses : la famille du futur marié choisit la date du mariage après avoir consulté le Zodiaque ; les maisons des deux familles sont décorées de rouge ou de jaune ; la nuit précédant le mariage, les époux, qui en général ne se sont pas rencontrés au préalable, se peignent les cheveux à quatre reprises : l'une pour symboliser l'union du couple, la deuxième pour leur apporter l'harmonie, la troisième pour leur amener la fécondité, la quatrième pour leur annoncer la richesse. Le fiancé et ses garçons d'honneur viennent chercher la fiancée chez elle. Elle doit quitter sa maison sans toucher

Jeune fille Ouled-Naïl, tribu nomade du Sahara, qui gagnait autrefois sa dot en se prostituant.

le sol. On lui ouvre un parapluie rouge au-dessus de la tête pour lui renouveler des vœux de fertilité. Le cortège s'arrête tour à tour chez les deux familles avant de conduire la mariée chez son époux.

Ce n'est qu'avec le christianisme, et là où il a pu s'installer, que la monogamie revêt sa forme absolue : une seule femme, un seul homme, toute une vie, dans le refus de la sexualité, sous la surveillance de l'Église[14]. Il s'agit d'abord de mimer dans la vie réelle un idéal religieux : comme l'homme doit aimer éternellement un seul Dieu, il doit aimer éternellement une seule femme. Cela correspond par ailleurs à un idéal démographique : créer les conditions de la reproduction de familles chrétiennes sans avoir à conquérir des femmes en grand nombre, c'est-à-dire sans faire usage de la violence. Cela correspond au bout du compte à un idéal politique : orienter les énergies non vers la conquête des femmes, mais vers la pratique de la foi, et canaliser les richesses vers l'Église. Cela correspond enfin et surtout à une stratégie bien concrète : l'homme doit tourner toutes ses énergies vers le service de Dieu et doit donc se détourner de la sexualité. La monogamie n'est donc, en définitive, qu'un pis-aller inéluctable pour que l'humanité survive.

En haut :
Scène d'accordailles qui précèdent les fiançailles. École hollandaise, 1740, musée des Beaux-Arts, Rennes.

En bas :
La fidélité conjugale naît avec le christianisme sous la surveillance de l'Église.
Stèle du boucher, provenance Rome, Ier siècle, musée de la Civilisation romaine, Rome.

Il faut suivre en détail cette évolution, car elle va influencer l'histoire des relations amoureuses et politiques de l'humanité entière : celle qui deviendra chrétienne aussi bien que celle qui voudra imiter les mœurs de l'Occident.

Au début, tout laisse à penser que le christianisme va échouer : petite secte juive, il surgit dans un univers entièrement polygyne, à Jérusalem comme à Rome. Même si, ici comme là, on admet déjà l'idée d'un mariage principal avec une femme principale, même si, dans ces deux cultures, la femme passe de l'autorité du père à celle du mari, rien ne laisse supposer que la monogamie va s'installer pour de bon et durablement. De fait, elle mettra près de deux millénaires à devenir une réalité – partielle – en Occident.

Par ailleurs, le christianisme semble d'emblée mal à l'aise avec la question de l'amour humain : le Dieu des hommes n'est plus seulement un dieu jaloux, mais aussi un dieu d'amour ; les hommes ne doivent plus seulement Le craindre, mais aussi L'aimer. L'amour humain devient suspect, puisqu'il concurrence celui qui est dû à Dieu.

Pour autant, l'amour humain n'est pas absent des débuts du christianisme. Jésus porte l'héritage de la sexualité de ses ancêtres maternels[14] : Tamar, qui eut des relations sexuelles avec son beau-père en se déguisant en prostituée ; Bethsabée, qui épousa David, le meurtrier d'Uri, son premier mari ; Joseph et Marie, à la sexualité si inexistante. Jésus lui-même, à la sexualité si absente, pardonne à la femme adultère : les Évangiles font de la monogamie un signe de reconnaissance de l'« homme irréprochable » ; ils interdisent le divorce, tout à fait autorisé dans le judaïsme et par Rome[14]. L'homme, dit l'Évangile, devrait n'avoir qu'une seule femme, tout comme il n'a qu'un seul Dieu : toujours cette recherche d'une équivalence entre l'amour humain et l'amour divin. Même s'il est veuf, il ne peut se remarier, afin de retrouver son conjoint dans l'au-delà. Et Jésus dit, selon les trois Évangiles : « Que l'homme ne sépare pas ce que Dieu a uni » – interdiction que seul Matthieu (Mt, XIX, 9) tempère en disant : « sauf pour *porneia* »

La sexualité de Jésus, absente, sera l'héritage de celle, mystérieuse, de Joseph et Marie. *Les Fiançailles de la Vierge*, aquarelle, S. Baron, xixᵉ siècle, musée du Louvre, Paris.

Paul fera de
la monogamie le socle
du christianisme et
de l'organisation
sociale en Occident.
*L'Apôtre saint Paul
méditant*, Rembrandt,
dessin, XVIIᵉ siècle,
musée du Louvre, Paris.

(c'est-à-dire sauf cas de prostitution). En outre, au-delà du mariage lui-même, l'obligation monogame est d'abord (et peut-être surtout) une conséquence de l'apologie de la non-violence. Car, comme on l'a vu, la polygynie finit toujours par exiger l'usage de la force pour conquérir ou garder des femmes.

Si la monogamie n'est pas encore tout à fait explicite dans les Évangiles, Paul en fait le socle du christianisme et de l'organisation sociale en Occident. Très progressivement, l'Église devient la seule institution dans le monde désireuse de maîtriser la façon dont s'aiment ses fidèles[14]. D'abord, pour Paul, l'amour humain est une folie, une maladie, le produit d'un manque, d'un désordre. L'activité sexuelle, conséquence du péché originel, est une activité médiocre. Il réinterprète les lois de l'Ancien Testament, qui prescrivent certaines précautions d'hygiène dans la relation amoureuse, pour en déduire une aversion absolue de la sexualité : « Il faut user du corps avec sainteté et respect », écrit-il. Dans l'épître aux Corinthiens, il ajoute plus explicitement encore : « Il est bon pour l'homme de ne pas toucher une femme » (1 Co, VII, 1). Il faut préférer, dit-il, l'union avec un « royaume qui n'est pas de ce monde ». Et il ajoute un peu plus loin : « Celui qui épouse sa fiancée fait bien, mais celui qui ne l'épouse pas fera encore mieux », ou : « Le mariage entraîne au monde » (1 Co, VII, 32-34) et : « Le mariage est inférieur à la virginité » (1 Co, VII, 37-38). Comme s'il voulait donner à penser que l'extinction de l'humanité était la condition de son salut.[42]

Paul se résigne pourtant à admettre la nécessité du mariage entre un homme et une femme, non seulement pour reproduire la vie, mais pour canaliser les désirs : « Le mariage est un remède à la concupiscence », « il vaut mieux se marier que de brûler » (1 Co, VII, 2). Naturellement, pour ces raisons mêmes, le mariage, selon Paul, ne saurait être que monogame. La monogamie n'est pas un idéal, c'est seulement un moindre mal. Le sacrement du mariage ne rend d'ailleurs le rapport sexuel licite que dans un but de reproduction ; il interdit donc toute pratique visant au seul plaisir (sodomie, masturbation, coït interrompu…), qui sont « débauche », mal absolu. Paul ajoute que, le Christ ayant « crucifié la chair avec ses passions et ses convoitises » (Ga, V, 16-24), il faut fuir « la débauche. Quelque autre péché que le corps commette, ce péché est hors du corps ; mais celui qui se livre à la débauche pèche contre son propre corps » (1 Co, VI, 12-18).

Pour Paul, chaque famille chrétienne est comparable à la Sainte Famille ; et le mariage chrétien devient un mystère aussi important que celui de l'union de l'homme à Dieu et du Christ à son Église : l'homme doit être monogame

tout comme Jésus n'a qu'une seule Église[14]. Dans la lettre aux Éphésiens (V, 32-33), il écrit explicitement : « L'homme quitte son père et sa mère, il colle à sa femme et ils sont une seule chair. Ce mystère est grand. Je déclare qu'il s'applique au Christ et à l'Église. » Le terme *musterion* en grec (traduit en latin par *sacramentum*, en français par « sacrement ») renvoie aux deux premiers « mystères » de l'Église : le baptême et l'eucharistie, et à ceux qui apparaîtront plus tard, dont le mariage[42]. Le sacrement, qui laisse sur les conjoints la marque indélébile du Saint-Esprit, rend le mariage divin indissoluble. La rupture entre époux entraînerait donc une rupture avec toute l'Église et avec Jésus-Christ présent dans l'eucharistie[14].

Le mariage chrétien n'est pas encore, pour autant, une cérémonie religieuse : s'il doit avoir lieu devant témoins, cela ne doit pas être nécessairement devant un prêtre. Ce sont les époux eux-mêmes qui s'administrent le sacrement.

Au IIe siècle, l'Église naissante réécrit l'Ancien Testament pour en faire un discours sur la monogamie. Dieu, dit-elle, n'a enlevé à l'homme qu'une seule côte et n'a créé qu'une seule femme ; et Ève s'écrie : « J'ai acquis un homme de par le Seigneur ! » (Gn, IV, 1). L'Église réinterprète aussi le commandement sur l'adultère comme un commandement portant sur la monogamie, ce qu'il n'est pas. Elle réinterprète enfin les lois de l'Ancien Testament sur l'hygiène à la lumière d'une aversion de la sexualité totalement étrangère au peuple juif.

Pour la chrétienté naissante, c'est le sexe qui constitue un scandale, alors que pour les religions précédentes, c'est le célibat qui est insupportable. Pour elle, laisser les hommes trouver du plaisir à aimer les femmes

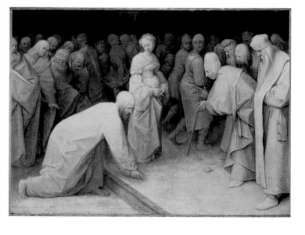

conduirait à s'intéresser à autre chose que le service de Dieu et à détourner au profit des familles des richesses promises et dues à l'Église[3].

Dans l'Empire romain où commence au IIe siècle le christianisme, les élites sont, comme on l'a vu, officiellement monogames, conformément aux règles romaines, mais en pratique polygynes, conformément à la coutume. Les élites se marient entre elles pour préserver les domaines ; garçons comme filles n'ont pas leur mot à dire. Les gens du peuple dans l'Empire sont, comme ailleurs, monogames par nécessité. En général, ils ne se marient pas, ne signent pas de contrat, vivent comme ils peuvent, brièvement, mourant beaucoup trop tôt, en général, pour avoir le temps d'aimer beaucoup, souvent ou différemment.

L'Église commence par se lancer à elle-même une série de défis théoriques sur ce sujet comme sur beaucoup d'autres : la femme est-elle un être humain à l'égal de l'homme ? Quelles relations doivent-ils avoir l'un avec l'autre ? Comment exiger le consentement des époux si le mariage doit être indissoluble ? Qu'est-ce qu'un consentement ? Comment vérifier qu'il est libre et sérieux ? Comment être sûr qu'il n'y a pas rapt, achat, mariage forcé, séduction passagère ? Et comment interdire un mariage avec un non-chrétien s'il y a consentement ? Comment vérifier la fidélité des époux s'ils ne sont plus consentants ? Et si le consentement est réel, comment contredire l'obéissance filiale dont l'Église se fait le chantre ?

L'Église va donner des noms à tous ces comportements qu'elle essaie de contrer, de normer ou de ritualiser. Ainsi, quand deux jeunes gens s'installent ensemble sans le consentement des parents, l'Église parle de « rapt » ; elle ne peut l'interdire, puisqu'il y a consentement des époux, mais elle ne peut non plus l'admettre, parce qu'il est fait en cachette, sans témoins, sans l'accord des familles.

Après Paul, les premiers Pères de l'Église (Basile, Jean Chrysostome, Clément d'Alexandrie, etc.) répètent que l'amour humain éloigne de l'amour de Dieu, et que la sexualité est une forme de dégradation dont la femme est seule responsable. Mais, pour autant, ils en admettent l'inéluctabilité puisque c'est pour l'humanité la condition de transmission de la vie, et pour la religion chrétienne celle de se perpétuer. Pour ces théologiens chrétiens, la femme n'a pas d'âme et n'est donc pas l'égale de l'homme devant Dieu.

L'Église des origines cherche ainsi d'abord à obtenir des premiers convertis au christianisme, mariés avant leur conversion, « à la romaine », qu'ils ne se séparent pas[36]. L'évêque Amphiloque exalte le « mariage qui a du prix, qui est au-dessus de tout don terrestre », parce qu'il est comme « un créateur d'humanité, comme une peinture de l'image divine[42] ».

La polygamie est encore tolérée par certaines sectes chrétiennes et elle fait même débat pour les premiers prêtres, en particulier pour les évêques. Un des premiers disciples de Paul, Timothée, qui deviendra évêque d'Éphèse, doit rappeler : « Il faut que l'évêque soit irréprochable, mari d'une seule femme [...]. Les diacres doivent aussi être maris d'une seule femme. » Ce qui prouve que ce n'est pas encore le cas ; il faudra d'ailleurs plus de mille ans pour que cette instruction s'impose, y compris au sein de l'Église latine.

Au IIᵉ siècle après Jésus-Christ, le mariage chrétien s'institutionnalise. L'Église tente d'en imposer les règles à partir du droit romain : d'abord la *desponsatio*, ou fiançailles, engagement signé entre le fiancé et le titulaire du *mundium* sur la femme (en général le père), avec le rite de l'anneau (porté par l'épouse seule, au troisième doigt de la main droite) et la dot versée par le fiancé (et non par le père de la mariée, comme dans le droit romain) ; puis la *traditio puellae*, ou mariage proprement dit, avec remise des actes, banquet dans la famille de l'épouse et cortège conduisant la mariée jusqu'à sa nouvelle demeure[36]. Aucun prêtre encore. Le consentement des parents suffit à assurer la validité de l'union ; l'accord des conjoints n'est pas nécessaire ; se marier sans l'accord des parents est en revanche puni de mort. Pour beaucoup de Pères de l'Église, le renvoi de la femme adultère est obligatoire, mais le remariage est ensuite interdit à l'homme comme à la femme.

Au même moment, dans l'autre partie de la chrétienté, celle de Byzance, issue des patriarcats de Jérusalem et d'Antioche, le mariage chrétien n'imite pas le mariage romain, mais le mariage juif : un prêtre le célèbre. Dans l'Évangile apocryphe (en syriaque) de Thomas, datant du IIe siècle, on trouve déjà une formule de bénédiction des époux par un prêtre dans la chambre nuptiale.

En Occident, à partir du IIIe siècle, le mariage à la romaine, contracté publiquement et par consentement, devient en Occident le modèle de l'Église catholique. Il mettra plus de mille ans à s'imposer en Occident. Le prêtre sert alors parfois de témoin « honorifique », mais ne célèbre pas encore l'union. L'anneau est désormais porté par la femme au quatrième doigt de la main gauche, ce qui, selon le théologien Isidore de Séville, renvoie au fait qu'une veine relie ce doigt directement au cœur. L'homme n'en porte pas. Les théologiens entament là un combat qui ne cessera plus contre la polygynie et l'infidélité.

Les grands penseurs chrétiens du IIIe siècle (Origène, Tertullien, Cyprien et Jérôme) distinguent maintenant trois moments du mariage : les fiançailles, la cérémonie de mariage et l'union charnelle. L'ensemble forme le *sacramentum*. Le mariage devient donc un sacrement, c'est-à-dire un acte indissoluble. Jérôme trouve indigne qu'un prêtre tienne un rôle actif dans le mariage. Le consentement des époux reste subordonné au consentement des parents (ou du maître quand il s'agit d'un esclave), mais certains clercs commencent déjà à se demander s'il convient de considérer comme un « sacrement » – c'est-à-dire comme indissoluble –, un mariage forcé[14].

L'indissolubilité du mariage et l'interdiction du divorce peinent à s'installer, même si les Pères de l'Église menacent toujours d'excommunication ceux qui rompent leur mariage, sauf en cas d'adultère commis par la femme. Ils ne recommandent plus à un père de tuer le partenaire adultère de sa fille, mais seulement de bannir les amants sur des îles différentes et de confisquer leurs biens.

Vers 200 après Jésus-Christ, Tertullien précise ces règles dans *De la monogamie*, et il en trouve des justifications dans l'Ancien Testament[14] : « Dieu donne à l'homme une seule femme qu'il tire d'une seule côte, et cela entre plusieurs […]. Il a été dit prophétiquement : "Et ils seront deux dans une même chair" ; deux, et non trois ni davantage. D'ailleurs, ils ne sont plus deux s'ils sont davantage. […] D'ailleurs, Dieu n'avait qu'à vouloir pour qu'il existât d'autres femmes. Adam aurait choisi parmi la multitude de ses filles, avant encore, une Ève formée de sa chair et de ses os, si la piété l'eût permis. Mais, depuis que le premier crime, l'homicide, avait été inauguré dans le fratricide, il n'y eut pas de forfait plus digne du second rang que la réitération du mariage. » Il ajoute un éloge de la chasteté, qu'on retrouvera tout au long de l'histoire de l'Église[37] : « La virginité également, le veuvage,

Le paradis terrestre
selon Jérôme Bosch,
volet gauche du
triptyque
Le Jardin des Délices,
vers 1510, musée du
Prado, Madrid.

la continence dissimulée dans le secret du mariage et une expérience conjugale unique sont les offrandes à Dieu prises sur les biens de la chair » (*De carne Christi*, De la chair du Christ).

L'Église tente de limiter la sexualité au strict minimum nécessaire à la reproduction. Elle s'efforce en vain d'interdire le sexe hors mariage, le mariage entre proches, celui des prêtres et des veufs. Le mariage avec un non-chrétien est, pour Tertullien, l'équivalent d'un adultère, pour Cyprien une faute grave ; mais cette union n'est pas nulle. Contrairement à ce que stipulait le droit romain, les relations sexuelles avec une esclave ne sont plus pénalement poursuivies, sauf si la valeur de l'esclave s'en trouve amoindrie ou si, à travers l'esclave, on cherche à atteindre le maître.

Incident notable : en 268, l'empereur Claude II, qui trouve que les hommes mariés font de mauvais soldats, aurait aboli le mariage, selon la légende. Certains jeunes viennent alors convoler en secret auprès d'un prêtre nommé Valentin, qui est arrêté. En prison, Valentin aurait rendu la vue à la fille aveugle d'un gardien avant d'être décapité en 270 et de devenir, mille ans plus tard, le saint auquel se réfèrent tous les amoureux du monde.

Au IVe siècle, sous Constantin, l'Empire devient officiellement chrétien[14]. Comme il y a plus d'hommes que de femmes dans les classes sociales favorisées, l'empereur impose des taxes aux célibataires et autorise – sauf pour les sénateurs – les mariages de patriciens avec des femmes libres. Au même moment, saint Augustin, dans le *De bono coniugali* et le *De nuptiis et concupiscentia*, fait évoluer la doctrine chrétienne en la centrant pour la première fois autour de la famille, dont les Pères de l'Église ne parlaient pas avant lui. Comme Paul trois siècles plus tôt, il répète que le plaisir sexuel sans continence, même dans le cadre du mariage, est un péché, car il fait perdre la raison à l'homme. Il va même plus loin qu'aucun commentateur de Paul : pour lui, l'activité sexuelle est la conséquence directe du péché originel[36]. À ses yeux le mariage est *proles* (fécondité), *fides* (fidélité) et *sacramentum* (indissolubilité). La *fides* entraîne la fidélité et donc la présomption de paternité. Le sacrement en est la marque absolue. La fécondité est la condition de sa validité. Il est invalidé quand il n'est pas consommé sexuellement ou quand un des époux entre en religion[14].

La sexualité reste une menace si elle devient sensualité, et l'abstinence est toujours une bénédiction. Le sexe féminin, désigné comme la « sentine de tous les vices », est assimilé à un lieu humide et sale par où s'écoulent les eaux usées. Seul son rôle de mère peut racheter la femme, « sexuellement insatiable », qui doit  être « calmée » par la grossesse et dont la mort en couches n'est qu'une juste punition[19]. Là commence à apparaître l'idée que les enfants doivent avoir aussi des seconds parents, non souillés par la sexualité, dans la même relation avec eux que Jésus avec Joseph : des parrains.

La polygynie est encore une pratique réelle dans toutes les régions christianisées, et l'Église s'y résigne : au IVe siècle, un évêque, lui-même fils d'évêque, et un des plus grands théologiens de son temps, Grégoire de Nazianze, écrit que « les premières noces sont la loi ; les secondes, la tolérance ; les troisièmes, l'illégalité ; les quatrièmes, mœurs de pourceaux ».

En Orient, l'Empire résiste mieux et les Églises s'enracinent avec lui. Plus elles sont à l'est (nestorienne, monophysite, perse-chaldéenne) et détachées de l'influence de la romanité, plus les mariages y revêtent un caractère religieux. Sur les territoires de la future chrétienté orthodoxe le mariage est

Détail du tableau : *Adam et Ève au paradis*, anonyme, huile sur bois, 1533. Gemäldegalerie, Berlin.

perçu comme une manifestation de la grâce divine dont le sacrement exige la présence, en l'église, sous un *velamen* (couverture, vêtement), du prêtre qui impose les mains, bénit les croix et l'anneau des fiancés devant témoins ; les époux ont les mains jointes (*ekdosis*) ; le prêtre pose sur leur tête la couronne nuptiale (*stefanoma*) qui marque le passage de la femme sous l'autorité du mari[14]. Grégoire de Nazianze, alors évêque de Césarée, prétend que la tradition du couronnement nuptial vient d'Arménie, même si cette tradition est aussi romaine. Pour lui, le sacrement s'accomplit quand le couple communie ensemble en public.

Le mariage dans un lieu de culte est ainsi d'abord juif, puis oriental, avant d'être orthodoxe, bien avant d'être catholique.

Malgré sa mainmise progressive sur l'administration de l'Empire romain, l'Église ne réussit guère à influer sur les mœurs de son temps et va devoir proclamer sans relâche, pendant des siècles, les mêmes interdictions, preuve de son incapacité à les faire respecter.

Au IVe siècle encore, elle persiste à proclamer la prohibition de la polygamie et tente, toujours en vain, d'imposer le célibat du prêtre, l'interdiction du remariage des veufs, ainsi que de pousser les couples à légaliser leur union par un mariage quelconque, de type germanique ou romain, à tout le moins devant témoins. Toujours pas question de prêtre, ni de mariage à l'église.

Un concile tenu à Elvire, en Espagne, en 310, prive de la communion tout homme ou toute femme qui se remarie après la séparation, sauf si celle-ci est due à la présence d'une concubine du mari au même domicile. Là encore, les interdits révèlent les pratiques. En 314, l'année même où le christianisme devient la religion de l'empereur, le canon 11 du concile d'Arles (qui interdit par ailleurs pour la première fois aux comédiens l'accès à tout sacrement, dont le mariage) interdit le remariage, même en cas d'adultère de la femme, mais ne demande plus la dénonciation à l'autorité civile de la femme adultère, qui risque d'être mise à mort. Ces stipulations sont réitérées aux conciles de Laodicée en 350 (qui répète, encore en vain, que le mariage n'est pas valide s'il est clandestin, et que tout chrétien polygame sera excommunié), et à bien d'autres au Ve siècle, par Innocent Ier et saint Léon le Grand – preuve que ces règles ne sont toujours pas respectées[42].

Partout en Orient et en Occident, en Europe, en Afrique, en Asie, en Amérique, concubinage, prostitution, polygynie, mariages forcés, mariages d'enfants, « droit de cuissage » sont encore la règle.

Dans l'Empire, les lois civiles se christianisent peu à peu à partir du Code théodosien en Orient et de celui d'Honorius en Occident. Ceux qui se

marient sans le consentement de leurs parents encourent toujours la peine capitale. L'Église laisse la vengeance d'un rapt aux parents mâles de la fille et la vengeance d'un adultère au mari et à ses consanguins[42]. Elle impose toujours la virginité à la fiancée et la fidélité à l'épouse, mais pas à l'époux ; elle multiplie les empêchements au mariage pour éviter des unions entre trop proches parents.

En 407, le concile de Carthage confirme l'interdiction du remariage des veuves avec n'importe qui, et des veufs avec la sœur de leur femme – ce qui prouve encore que c'est une pratique courante. Les conciles ne reconnaissent toujours pas comme valide le mariage des esclaves[36].

En 431, un an après la mort d'Augustin d'Hippone, un concile qui se tient à Éphèse proclame la maternité divine de Marie qui préfigure la proclamation du dogme de l'Immaculée Conception. Cyrille d'Alexandrie, évêque de Constantinople, formule alors la nécessité du célibat et de la chasteté des prêtres, moines et religieuses, en application de la phrase de saint Paul : « Le mariage est inférieur à la virginité » (1 Co, VII, 37-38), écartant ainsi les partisans de Nestorius qui revendiquent au contraire la stricte séparation des natures divine et humaine de Jésus, et le droit des prêtres et des religieuses à la sexualité.

La séparation des époux est théologiquement de plus en plus difficile et la seule cause de divorce, la porneia, se réduit désormais à une « faute très grave » (comme la tentative d'homicide)[14]. Les conciles interdisent – toujours en vain – aux hommes mariés de devenir prêtres, sauf à annuler leur mariage, et aux prêtres de se marier : le don de soi à Dieu ne peut être partagé.

Avec le déclin de l'Empire romain d'Occident et le désordre croissant des administrations publiques, le contrat se fait plus rare, en particulier le contrat de mariage. Tout ce que Rome, puis l'Église ont construit en se fondant sur

L'Excommunication de Robert le Pieux, qui répudia sa première femme pour épouser sa cousine Berthe de Bourgogne en 996. Jean-Paul Laurens, 1875, musée d'Orsay, Paris.

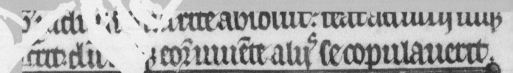

ctu li d varfce abfoluit: teu ra uiii, iiiif
ficut eius q; eoi uniffe aliq fe copulauerit

l'écrit en tant que preuve, menace de s'effondrer. Seuls les témoins de la cérémonie ou de la vie conjugale peuvent justifier de l'existence de l'union. L'écrit n'étant plus là, les conciles, qui réunissent alors de nombreux évêques d'origine germanique, répètent, en s'inspirant du droit barbare, que la *copula carnis* (l'union de la chair, c'est-à-dire la consommation du mariage) suffit à en établir la validité.

L'Église tente de combattre les fêtes païennes dont la sexualité constitue souvent un élément essentiel, et de réprimer les rapts qui sont parfois des mariages par amour[19]. Elle doit toujours résoudre la contradiction entre l'obligation du consentement des époux, qu'elle cherche désormais à imposer, et l'autorité paternelle, dont elle se nourrit ; entre l'appel à l'amour et l'exigence d'indissolubilité ; entre l'extension du champ de la chrétienté, en incitant à contracter des mariages au loin, et la transmission des terres, qui implique des mariages plus ou moins consanguins.

En Occident, le mariage reste une cérémonie privée célébrée au domicile de la future épouse. Le consentement des parents suffit à sa validité. Une bénédiction religieuse est parfois donnée, mais sans qu'elle ait une quelconque valeur. Seul l'aîné peut en fait prétendre au mariage ; ses frères et sœurs sont envoyés dans les premiers couvents et autres monastères ou sur les champs de bataille. Malgré les efforts de l'Église, la polygamie, le concubinage, les mariages secrets, les rapts, les divorces, les remariages restent la règle.

Les hommes conservent leurs privilèges : en 453, le concile d'Angers interdit le remariage d'une femme quittée par son mari encore vivant. Un autre concile, à Vannes, entre 461 et 491, admet le remariage d'un homme séparé par suite de l'adultère commis par sa femme. En 506, le concile d'Agde autorise le divorce d'une femme d'avec un homme pour faute grave. La polygynie n'est même pas motif de divorce pour une femme, sauf si le mari installe une concubine chez elle. Le Code Justinien, en 534, ne permet plus le divorce que quand « la haine entre époux empêche la vie commune ». En 556, l'Église réitère l'interdiction du mariage de l'époux adultère et de sa complice. Ceux qui se marient sans le consentement de leurs parents encourent toujours la peine capitale[36].

Le remariage des hommes divorcés n'est encore autorisé qu'à des conditions très strictes, ce qui n'empêchera pas les empereurs byzantins, avec l'accord de l'Église, de se remarier sans cesse et même d'avoir d'innombrables épouses simultanées, ni, en Gaule, Clotaire puis Caribert d'épouser en secondes noces la sœur de leur première femme défunte, ce que l'Église considère comme un inceste et qui conduit saint Germain,

123

évêque de Paris, à excommunier Caribert d'abord, puis Childebert, cette fois pour « répudiation abusive » de sa première femme. Mais l'Église recule devant le pouvoir royal : en 567, le concile d'Orléans III invoque l'« excuse d'ignorance » et lève l'excommunication de Caribert puis celle de Childebert. Ce ne sera pas la dernière défaite des successeurs de Pierre face à ceux de César !

Des conciles provinciaux, en 585, discutent encore de la question de savoir si la femme est un être humain, et en 586, au concile de Mâcon, les évêques décident enfin, à une majorité de trois voix, que les femmes ont une âme. Pour la première fois, l'Église accorde aux femmes un statut égal à celui des hommes face à Dieu.

Elle tente toujours, comme depuis Paul, de limiter la sexualité à ce qui est strictement nécessaire à la reproduction. L'évêque Grégoire de Tours explique, au VIIe siècle, qu'il faut faire l'amour le moins souvent possible, notamment pas le dimanche, sous peine d'enfanter des monstres, des estropiés ou des enfants malingres[14]. Et dès qu'il y a faute quelconque, l'Église impose en pénitence l'abstinence sexuelle aux époux pour quelques mois, voire pour toute la vie. « Trouver du plaisir, dira même Grégoire, c'est transgresser la loi du mariage. » Aucune autre religion ne manifestera jamais une telle aversion pour les conditions du don de la vie.

Le mariage des filles reste précoce, ce sont souvent même des mariages d'enfants (en tout cas, pour ce qu'on en sait par les mariages de princes, les seuls dont on ait gardé une trace écrite). Vers 650, l'esclave saxonne Bathilde a 15 ans lorsque le maire du palais de Neustrie, Erchinoald, la marie à Clovis II ; près d'un siècle et demi plus tard, la princesse Hildegarde est encore plus jeune lorsqu'elle épouse Charlemagne.

Comme dans toutes les sociétés précédentes, les femmes font ce qu'elles peuvent pour réduire la natalité, y compris par l'avortement dont meurent beaucoup d'entre elles. On peut lire dans un pénitentiel de Bède le Vénérable, moine anglo-saxon de la fin du VIIe siècle : « La mère qui tue l'enfant

Homme guéri de son impuissance réclamant sa femme remariée. Bibliothèque municipale, Amiens, ms 355 f° 331r.

qu'elle porte dans son sein avant le quarantième jour après la conception jeûnera pendant un an, et après le quarantième jour, pendant trois ans. » Comme nul n'est capable de déceler une grossesse aussi précocement, ce genre de menace est, comme tant d'autres du même genre, inopérant.

Car l'Église continue de vouloir imposer une monogamie absolue : elle condamne la répudiation et le remariage des veufs ; elle exalte l'entrée des veuves au couvent. Les divorces sont de plus en plus difficiles à obtenir, sauf en cas d'adultère, d'impuissance ou de non-consommation. Et le consentement des parents suffit toujours à la validité du mariage.

À partir du VIIIᵉ siècle, l'interdiction du mariage entre consanguins, si nécessaire pour pousser à l'extension du christianisme, s'étend jusqu'au septième degré de parenté. En 721, le concile de Rome interdit encore à tout homme d'épouser la veuve de l'un de ses parents, et inclut les parentés spirituelles (parrains et marraines) dans la liste des interdits. Ces textes ne sont toujours pas appliqués : dans le peuple comme parmi les élites, on continue à se marier à sa guise, voire à ne pas se marier du tout[14]. L'Église a trop à faire pour excommunier les contrevenants dont elle a besoin par ailleurs pour consolider son pouvoir.

En 726, le pape Grégoire II, consulté pour savoir dans quels cas un mari est autorisé à avoir deux femmes, ne tente même pas d'imposer la monogamie : « Si une femme est attaquée d'une maladie qui la rende peu propre au devoir conjugal, le mari peut se marier à une autre ; mais il doit donner à la femme malade les secours nécessaires[36]. » Voilà qui devait ouvrir à maintes discussions sur ce que pouvait être ce genre de maladies…

Au demeurant, si, vers la fin du VIIIᵉ siècle, la compétence ecclésiastique est reconnue en matière d'empêchement lié à la parenté ou à l'adultère, l'exécution des sentences suppose le recours à la force séculière qui n'est pas souvent de bonne composition, surtout quand les contrevenants sont puissants.

Au IXᵉ siècle, les formes romaines classiques du mariage reviennent en force avec l'instauration de l'ordre carolingien : fiançailles, échange des consentements, rédaction d'un écrit et présence de témoins ; mais il devient très difficile, pour les clercs de l'époque, de considérer ce lien forcé comme un « sacrement ».

Le concile de Chalon-sur-Saône, en 813, réaffirme qu'il faut l'accord du maître pour un mariage de serfs (nouveau nom des esclaves). L'Église oscille encore entre la protection des intérêts du maître et le droit au sacrement pour tous. Et elle ne trouve encore aucune raison pour remettre en cause le droit de cuissage qui permet depuis des millénaires au maître

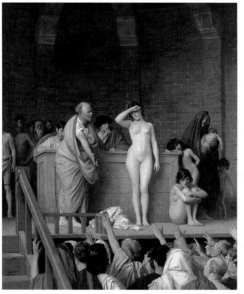

d'user des femmes de ses serfs au soir de leurs noces enfin reconnues par l'Église.

Tout est bon pour tourner l'interdiction du divorce : des maris font assassiner leurs femmes, les accusent d'adultère, les obligent à tolérer des concubines. Imperturbable, l'Église réduit encore le nombre de jours où les relations sexuelles sont autorisées : pas pendant le Carême, l'Avent, le dimanche, ni lors des très nombreuses fêtes.

Nombreux sont les seigneurs ou même les riches paysans à vivre avec plusieurs femmes. Les rois, on l'a vu, ne donnent pas le bon exemple : Charlemagne se fonde sur le droit germanique à la répudiation pour se marier neuf fois !

Dans la première moitié du IXe siècle, certains grands, à l'inverse, sont fidèles à leurs obligations monogames, par amour plus que par foi. Et c'est d'ailleurs à ce moment (en 842) qu'on trouve la première mention, dans un texte (le *Serment de Strasbourg*) rédigé dans une langue qui préfigure le français, du mot *amur* qui deviendra « amour » au XIIe siècle.

Pourtant, à la fin de la domination des Carolingiens, l'Église croit remporter une première victoire majeure : elle obtient la reconnaissance théorique de sa compétence sur les questions matrimoniales de ses fidèles, y compris les princes. Mais en vain : ces derniers continuent d'agir à leur convenance. Ainsi, en 860, Hincmar, évêque de Reims depuis 845, fait de la consommation de l'union et de la constitution d'une dot deux des conditions nécessaires au mariage. Il rédige un opuscule intitulé *Pour contraindre et extirper le rapt des veuves, des filles, des moniales*. Il s'oppose à la répudiation par Lothaire de sa femme, la princesse Teutberge, sous le prétexte imaginaire qu'elle aurait eu des relations incestueuses avec son frère, l'abbé de Saint-Maurice d'Agaune. Spectaculaire conflit. Comme l'Église ne sait pas résister aux princes, deux synodes des évêques lorrains reconnaissent la culpabilité de Teutberge, ce qui permet à Lothaire d'épouser une autre princesse, Walrade, dont il était amoureux. Or, même si un concile ratifie ce nouveau mariage, le pape Nicolas Ier, prenant le relais de l'évêque de Reims,

En haut :
Au Xe siècle, le mariage entre un serf (ou une esclave) et une personne libre est jugé « socialement difforme » par l'Église. Jean-Léon Gérome, musée de l'Ermitage, Saint-Pétersbourg.

Page de droite :
Charlemagne avec des courtisanes et l'une de ses femmes, Hildegarde de Souabe. Le roi des Francs se fondera sur le droit germanique à la répudiation pour se marier neuf fois. Dessin du XIXe siècle, Münchener Bilderbogen.

le fait casser et excommunie la seconde épouse. Le pape meurt en 867 avant que la question soit définitivement réglée, deux ans plus tard, par la mort de Lothaire...

Au même moment, le grand théologien Jonas d'Orléans, proche de Louis le Pieux et auteur d'un des premiers traités politiques du Moyen Âge, les *Institutions royales*, récapitule, dans le premier traité de spiritualité conjugale (*Institutio laicalis*), les règles du mariage chrétien (fidélité, indissolubilité, monogamie) [37]. Il demande de refuser la bénédiction nuptiale à ceux, garçons et filles, qui n'arrivent pas vierges au mariage. Il réduit encore les motifs d'annulation des mariages à l'impuissance et à l'absence de vie commune. Il emploie même le mot « charité » pour désigner l'amour entre conjoints.

En 866, à la différence de ce que pensent les Églises d'Orient, le pape Nicolas Ier explique aux chrétiens bulgares que seule l'absence de consentement des époux peut invalider un mariage et que la bénédiction d'un prêtre n'est pas nécessaire.

Ce débat sur le consentement des époux demeure lancinant. L'Église interdit toujours les mariages sans témoins, qu'elle considère comme des rapts, même s'il advient que des fidèles choisissent de se marier en secret pour éviter les malédictions de leurs ennemis. (Par exemple, beaucoup croient encore à cette époque que si, pendant le mariage, quelqu'un noue un lacet – symbole de ligature, donc de castration – en récitant certaines formules, le couple sera stérile.) S'il y a échange de consentements, le mariage de ceux qui s'unissent sans l'accord de leurs parents est désormais religieusement valide... même s'ils encourent toujours la peine capitale ! Il en va de même pour les unions dites « socialement difformes » entre un serf ou esclave et une personne libre [37].

Puis survient une mutation théorique majeure en Occident : imitant ce qui se passe dans l'Église d'Orient, vers 900, le pape Léon V soumet la validité du mariage à la bénédiction d'un prêtre. Mesure qui n'est d'ailleurs pas appliquée, comme ne l'est pas non plus la décision de retarder l'âge du mariage : en 972, la princesse byzantine Théophano est mariée à 11 ans à l'empereur germanique Othon II ! Parmi les classes populaires, l'âge des épousailles pour les filles est sans doute un peu plus tardif, même si les mariages d'enfants et les unions forcées de fillettes demeurent monnaie courante.

L'échec est total : après mille ans d'efforts, l'Église n'est pas parvenue à instaurer son modèle d'une relation monogame et indissoluble fondée sur la fidélité mutuelle dans la foi chrétienne.

À Florence, le peintre Filipo Lippi (xve s.) créa le scandale en tombant amoureux de la religieuse qui lui servait de modèle.
Paul Delaroche, xixe siècle, musée Magnin, Dijon.

chapitre 6

Naissance de l'amour
en Occident

XIᵉ – XVᵉ SIÈCLES

« Ne cherchons, en un mot,
que l'amour dans l'amour. »

LETTRE D'HÉLOÏSE À ABÉLARD

À partir du XIᵉ siècle, alors que dans le reste du monde domine encore très largement la polygamie, au moins pour les maîtres, l'ordre social commence à se réinstaller assez solidement en Occident et à imposer la monogamie. Dans certains pays comme la France et l'Angleterre, il passe par l'État ; en d'autres comme la Flandre, l'Allemagne et l'Italie, les villes lui servent d'armature politique.

Les mariages monogames commencent à devenir la règle, mais la société continue d'être païenne et anarchique, ainsi que le démontre l'incessante répétition par l'Église des interdits qu'elle édicte.

Désormais, les deux sexes se croisent beaucoup plus ouvertement sur les marchés et dans les églises. Hommes et femmes apprennent à s'y parler sans que leurs paroles soient des ordres ou des marques de soumission. Ces lieux tendent à s'imprégner d'érotisme et deviennent des endroits de rencontre et de séduction. Carême et carnaval se croisent et se substituent aux bacchanales, remplissant les mêmes fonctions d'exutoire. Si la liberté est plus grande chez le peuple que dans les hautes classes de la société, on continue d'unir des jeunes gens malgré eux, de marier des enfants sans leur demander leur avis.

Les élites féodales se marient entre elles pour préserver et accroître les domaines ruraux. Seuls les aînés ont encore en général le droit de convoler. Mais les unions restent décidées par les parents et ont lieu à domicile en présence d'un prêtre. Quand deux jeunes gens se révoltent et s'installent ensemble sans le consentement des parents, ils sont exclus des héritages, même s'ils ne sont plus condamnés à mort comme naguère.

Le peuple, lui, se marie rarement et ne signe pas de contrat, il vit comme il peut, avec qui il peut, brièvement. Quand il y a une cérémonie, le prêtre passe dans la maison des jeunes mariés pour les bénir. Parfois l'union est l'occasion d'une dot, d'un interminable banquet, d'une fête. Dans des sociétés d'où la sensualité est encore officiellement bannie, où s'aimer n'est jamais un sujet de conversation, le carnaval et désormais la Saint-Valentin sont l'occasion de libérations érotiques.

En ce difficile début du XIᵉ siècle où les paysans meurent souvent littéralement de faim, l'avortement et parfois l'infanticide permettent de réduire le nombre des bouches à nourrir. On utilise comme contraceptifs des graines de fougère ou de gingembre, des feuilles de saule, des mélanges d'aloès, de persil, de fenouil, des bains de camomille. Au moment même où la théologienne Hildegarde de Bingen explique que la vie est sacrée parce que l'âme, créée par la Trinité, descend du Ciel sous forme d'une boule de feu dans le ventre de la mère vers le cœur du fœtus, Bouchard de Worms

Page précédente :
L'Amour victorieux par
Le Caravage, 1602-1603.

Page de droite :
Jeux amoureux lors d'une
partie de colin-maillard.
Détail d'une tapisserie
d'Aubusson, fin XVIIIᵉ siècle.

Ci-contre :
Au XIIᵉ siècle,
à travers le culte marial,
la Vierge mère devient
le symbole de l'Église,
l'Épouse.
Statue du XIXᵉ siècle.

467.

466.

465.

interroge une femme : « As-tu fait comme beaucoup de femmes, [qui] prennent leurs précautions pour ne pas concevoir [...], avec les maléfices et les herbes [36] ? » L'Église tente encore d'interdire les mariages consanguins jusqu'au septième degré, dont l'aristocratie a pourtant absolument besoin pour ne pas voir s'émietter ses terres. Toujours en vain aussi, en 1074, au concile de Rome, le pape Grégoire VII continue d'interdire aux prêtres de convoler. Pour lui, la femme reste la tentatrice, et la sexualité un symbole du péché. Si certaines épouses sont canonisées, c'est malgré leur mariage, car « beaucoup de femmes semblent avoir senti une obligation à laquelle elles ne pouvaient se soustraire, sans y trouver aucun plaisir ». Comme si, au sein de l'Église, beaucoup pensaient encore, comme mille ans plus tôt, que la disparition de l'humanité était la condition de son salut.

Au début du XIIe siècle, saint Bernard de Clairvaux exhorte les hommes à se séparer de leur femme pour se faire moines ; il n'est toujours pas question de laisser les gens trouver du plaisir à aimer.

Les départs pour la croisade entraînent des mutations majeures. Les couples se rompent ; les femmes se retrouvent seules et prennent du pouvoir. Il faut d'abord gérer l'absence. À l'inverse, l'Église ferme les yeux sur la polygynie des croisés : le concile de Verberie, en 869, dont les termes sont repris dans un texte de Bouchard de Worms, autorise un mari qui quitte son pays et que sa femme ne veut pas suivre à se remarier au loin « s'il ne peut se contenir [32] ». En revanche, même si la longue absence d'un croisé laisse présumer son décès, la femme ne peut absolument pas se remarier sous peine d'être poursuivie pour bigamie. De nombreuses femmes réussissent malgré tout, dans ces circonstances, à faire annuler leur mariage sous prétexte de stérilité, d'impuissance, ou par suite de la découverte opportune d'un lien de consanguinité plus ou moins imaginaire avec leur époux parti au loin.

C'est alors que les croisés découvrent en Orient les délices de la polygamie musulmane, la poésie érotique arabe et les grands thèmes de la théologie

En haut à droite : Fougère, plante médicinale utilisée comme moyen de contraception, in *Flore pittoresque de la France*, 1850.

familiale d'Orient[19]. Certains en ramènent un goût pour ces contrées et leur littérature amoureuse. D'autres en rapportent le désir de voir les prêtres jouer, comme en Orient, un rôle plus important dans la cérémonie du mariage, et d'en faire un moment essentiel de la vie du chrétien. Enfin, les croisades laissent les femmes seules aux commandes de grands domaines et elles y tiennent, en personne et de plein droit, la place du seigneur. On verra que les femmes « profiteront » à l'avenir d'autres guerres pour s'arroger ou recouvrer un peu de pouvoir[47].

Au début du même XIIe siècle, quand un certain Guillaume Gouët part à la croisade avec son père et l'un de ses trois fils, sa femme, Eustachie, prend la direction de la seigneurie ; elle rend la justice à ses vassaux comme elle faisait aux côtés de son mari ; elle continue à le faire même quand ses deux autres fils sont assez grands pour diriger la famille[47]. Après la mort de son beau-père et de son mari en Orient, Philippa de Courville assume toute seule et avec courage le gouvernement des terres familiales ; les moines de Saint-Père de Chartres considèrent qu'elle exerce le pouvoir seigneurial exactement comme son mari et son beau-père l'avaient fait avant elle[47].

Au retour des croisades, de nombreux chevaliers célibataires partent en quête d'une femme. Et les veuves sont nombreuses. Détail de la tapisserie de Bayeux, XIe siècle, musée de la Tapisserie, Bayeux.

Devant cette abondance de femmes riches et seules, de nombreux chevaliers célibataires, cadets expulsés de la maison paternelle, partent en quête
d'une héritière d'un niveau social plus élevé que le leur[21]. Dans le dernier tiers
du XIIe siècle, au sein des familles aristocratiques, d'autres garçons que l'aîné
sont autorisés à se marier et font parfois la rencontre opportune de riches
veuves disponibles.

Les femmes prennent alors de l'assurance : elles contrôlent l'usage fait de
leur dot, en attaquent l'aliénation par leur mari, gardent après leur mariage le
nom de leur lignée et attribuent à leurs enfants des prénoms portés par leurs
propres parents[47]. La femme occupe ainsi une place nouvelle ; l'Église ne s'y
trompe pas qui, à cette époque, exalte le culte marial, faisant de la Vierge
Marie le symbole de l'Église, l'Épouse.

Le mariage devient une forme de vie théologiquement acceptable. La femme
n'est plus le diable, la sexualité est mieux tolérée par l'Église, moyennant toutefois d'étranges distinctions : la sodomie hétérosexuelle est considérée
comme plus grave que l'homosexuelle ; la « fornication simple » entre adultes
hétérosexuels, libres de tout lien matrimonial est vénielle, surtout si elle a lieu

entre jeunes gens de bonne famille et prostituées, car, dit l'Église, cela les « prépare à la bonne conjugalité ». En 1123, le premier concile de Latran affirme que l'accès à la béatitude céleste n'est point réservé aux vierges, qu'il est permis aux époux[14].

L'Église continue néanmoins d'avoir le plus grand mal à imposer ses règles, même à ses propres membres : quand ce concile prétend interdire aux prêtres de vivre avec des concubines, le clergé, dans l'Empire et en France, n'y prête guère attention : au XIVe siècle, le curé de Montaillou refuse de respecter cette règle qui l'empêcherait de séduire la seule femme qui lui a jusque-là résisté, la châtelaine, et qu'il finit par conquérir[44].

Comme les sentiments commencent à se manifester plus ouvertement, les théologiens se disputent encore sur le point de savoir si les mariages d'amour, sans accord des parents et restés clandestins, sont valides. L'accepter, c'est renoncer à l'obligation du témoin et à l'accord des parents, c'est prendre le risque de valider un mariage forcé par le mari et non plus par les parents. Le refuser, c'est permettre à tout homme d'abandonner une femme après l'avoir séduite et lui avoir promis le mariage. Le consentement est-il acquis par l'acte sexuel ? Pour les canonistes de Paris, le mariage est valide dès qu'il y a *copula carnis*, c'est-à-dire rapport sexuel. Pour les canonistes de Bologne, il faut en outre l'expression publique d'un « consentement », « libre, actuel, légitime » de chacun des époux, ainsi que l'écrit Bernard Pignatelli qui devient pape en 1145 sous le nom d'Eugène III. Anselme de Laon, Hugues de Saint-Victor (*De sacra mentis*, 1130), Abélard et surtout Pierre Lombard, dans ses *Livres de Sentences* (1148), élaborent ainsi une théologie un peu plus libre du mariage catholique. Pierre Lombard, le premier, en tire ouvertement la conclusion que non seulement le consentement des époux est indispensable, mais que celui des parents n'est plus nécessaire. Il est confirmé par les papes Alexandre III et Innocent III. C'est une mutation extrêmement importante qui précède et va accompagner la naissance de l'individualisme occidental.

Ce n'est cependant encore qu'une fiction théologique. Très rares, en effet, sont les jeunes gens qui osent se marier sans l'accord de leurs parents, et plus rares encore sont les prêtres qui les soutiennent. En réalité, les parents continuent de se servir de leurs enfants comme monnaie d'échange. On ne se marie pas par amour, mais sur ordre, par nécessité, parce qu'on a perdu sa mère ou son père et que l'on souhaite perpétuer le nom de ses géniteurs : « L'obéissance vaut mieux en mariage que la passion. »

Quand deux jeunes gens amoureux prennent néanmoins le risque de passer outre, cela débouche en général sur une tragédie. Vers 1120, le grand théologien Abélard, contemporain et ami de Guillaume de Champeaux, prend pension à Paris chez Fulbert, le chanoine de Notre-Dame, et tombe amoureux de la nièce de celui-ci, Héloïse. Quand celle-ci se trouve enceinte, Abélard veut l'épouser ; elle refuse, convaincue que ce mariage serait dangereux pour le jeune homme. Abélard l'envoie en Bretagne où elle met au monde un fils qu'elle nomme Astrolabe. Fou de colère, le chanoine Fulbert fait subir à Abélard le châtiment réservée aux violeurs : la castration. Il survit. Héloïse entrera au couvent et continuera jusqu'à sa mort d'entretenir avec son amant une correspondance sublime, où elle ose parler de sexualité et opposer mariage et amour : « Cher époux, cher objet de tendresse et d'horreurs/Que l'amour, dans tes bras, avait pour moi de charmes !/Que l'amour, loin de toi, me fait verser de larmes !/[…] Crois-moi, l'hymen est fait pour des âmes communes,/Pour des amants livrés à l'infidélité./Je trouve dans l'amour mes biens, ma volupté./Le véritable amour ne craint point le parjure./Aimons-nous, il suffit, et suivons la nature./Apprenons l'art d'aimer, de plaire tour à tour,/Ne cherchons, en un mot, que l'amour dans l'amour. »

Malgré cette tragédie, un petit vent de liberté continue de souffler. En principe, sinon dans les faits, l'Église se résigne à en tenir compte : en 1139, le deuxième concile de Latran confirme la légalité du mariage devant deux témoins, dont un prêtre, sans le consentement des chefs de famille. Dans le décret de Gratien, en 1140, le titre *De matrimonio* définit le mariage comme l'union de l'homme et de la femme établissant une communauté de vie entre eux deux. Il s'agit donc bien d'une affaire privée. La mariée est désormais habillée de blanc, couverte du *velarium flammeum*, voile orangé, et coiffée d'une couronne de fleurs. Les deux seules conditions de validité d'un mariage sont le libre consentement des époux et l'union charnelle. Dans chaque cas précis, les officialités (tribunaux ecclésiastiques) débattent à l'infini pour savoir si les mots échangés dans l'intimité signifient qu'il y a engagement.

Pour avoir rendu Héloïse
enceinte, le théologien
Abélard subira la
punition des violeurs :
la castration. Il y survivra
et leur correspondance
reste l'une des plus
belles de la littérature
amoureuse.
*Abélard demandant
la main d'Héloïse.*
xixe siècle,
A. Kauffmann, Burghley
House Collection,
Stamford.

Pour certains théologiens, le mariage, parce qu'étant naturel, antérieur au péché, et remède à la concupiscence, confère la grâce. D'autres, au contraire – Hugues de Saint-Victor, Anselme de Laon, Albert le Grand –, distinguent entre le *sacramentum* (valide même en cas d'inconduite des mariés) et la *res sacramenti* (valable seulement pour les couples vertueux). Plus précisément, dans le sacrement ils font la distinction entre les dimensions matérielles (la personne des époux), formelles (la cérémonie), efficientes (le consentement) et les causes finales (la procréation, le remède à la concupiscence)[36]. Cette même année 1140, le théologien Guy d'Orchelles ajoute d'autres motifs légitimes au mariage : « Le rétablissement de la paix, la beauté de l'homme et de la femme, le profit, la possession de richesses. » En 1155, le pape Adrien IV autorise enfin les serfs à se marier sans le consentement de leur seigneur, décision que critiquera un peu plus tard un autre grand théologien, Duns Scot, pour qui un tel mariage compromet les intérêts du maître. En pratique, il faudra attendre des siècles pour que ce droit devienne tangible, et bien plus de temps encore pour que l'Église s'oppose enfin au droit de cuissage.

Le retour des premières croisades, à la fin du XIIᵉ siècle, rend leur pouvoir aux hommes. La noblesse de cour, comme la bourgeoisie naissante, imitent le modèle royal, privilégiant l'aîné masculin dans la dévolution successorale, dont sont exclues les filles mariées ; le mariage des cadets se fait de nouveau plus rare. En 1176, Alexandre III réclame encore la publicité du mariage pour révéler les empêchements et limiter les rapts. Le mariage se réduit toujours à la bénédiction de la chambre nuptiale, parfois à la remise de l'anneau sur le parvis de l'église par le mari à son épouse, ou par des formules et des gestes destinés à écarter le diable et la tentation.

Une des rares descriptions qui nous soient parvenues d'un mariage dans l'Europe de l'époque est celle de l'union d'Arnoul, fils aîné du comte de Guînes, en 1194, racontée en 1203 dans l'*Historia comitum Ghisnensium* rédigée par le prêtre Lambert d'Ardres, qui la célébra[27]. Elle révèle le rôle très limité du prêtre et la très grande liberté sexuelle des religieux. Le jeune

Pour gérer les couples qui se rompent lors des départs en croisade, l'Église tolère la polygynie des croisés. *Passage du Bosphore par Godefroy de Bouillon*, E. Signol, XIXᵉ siècle, château de Versailles.

Arnould a un lourd passé : il a été excommunié pour une affaire de veuve spoliée et il est déjà fiancé ailleurs. Cherchant un meilleur parti pour son fils, le comte de Guînes jette son dévolu sur l'héritière d'une châtellenie jouxtant sa petite principauté, il fixe la dot avec le père de la jeune fille et obtient de l'évêque de Thérouanne et de l'archevêque de Reims la dénonciation des précédentes fiançailles de son fils ainsi que la levée de son excommunication. Les noces ont lieu en Ardres, dans la maison du nouveau couple, sous l'autorité du père, véritable ordonnateur de la cérémonie. Le prêtre Lambert d'Ardres y assiste avec un autre prêtre, ainsi que ses deux fils, également prêtres[27]. Il raconte : « Au début de la nuit, lorsque l'époux et l'épouse furent réunis dans le même lit, le comte nous appela, un autre prêtre, mes deux fils et moi ; il ordonna que les mariés fussent dûment aspergés d'eau bénite, le lit encensé, le couple béni et confié à Dieu – tout cela dans la stricte observance des consignes ecclésiastiques. Le dernier, le comte prend la parole ; à son tour il invoque le Dieu qui a béni Abraham et sa semence, il appelle Sa bénédiction sur les conjoints "afin que ceux-ci vivent dans Son amour divin, persévèrent dans la concorde et que leur semence se multiplie dans la longueur des jours et les siècles des siècles [27]". » Pas d'église. Pas de bénédiction par un prêtre.

Pendant ce temps, les rois continuent de répudier leurs femmes à leur guise. Ainsi, en 1193, Philippe Auguste, devenu veuf, veut renvoyer sa deuxième femme au lendemain des noces, affirmant que le mariage n'a pas été consommé, ce que nie la jeune épousée, Ingeburge de Danemark ; il fait voter l'annulation du mariage par une assemblée d'évêques, et épouse Agnès de Méranie. Le souverain pontife, Innocent III, réfute cette annulation, demande au roi de reprendre la princesse danoise, ce que Philippe refuse. En 1200, le pape jette l'interdit sur le royaume. Agnès meurt l'année suivante mais Philippe ne s'inclinera qu'en 1213.

Hors de l'Église, quelques extrémistes prônent maintenant une action plus violente et radicale. Une secte religieuse des Balkans, les bogomiles, exhorte à la haine de la sexualité. En Occitanie, les « parfaits » (qui se nomment aussi les « purs » ou, selon une racine grecque, les « cathares », très inspirés des bogomiles) entendent détruire ce bas monde, création du diable. Ils interdisent à leurs disciples toute activité sexuelle, y compris dans le cadre du mariage et même en vue de la procréation, et n'admettent que l'amour pur, rencontre de l'esprit. Une partie de la population d'Occitanie les suit.

C'est paradoxalement par eux, après leur massacre par des chevaliers sans terre du nord du royaume, que resurgit l'amour en Occident[56].

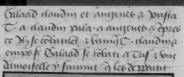

En haut :
Au XIIe siècle, la poésie
des troubadours chante
la gloire d'une femme
intouchable et désirée.
Le Retour du pèlerin,
1818, par L.J. Aulnette
du Vautenet, musée
des Beaux-Arts, Rennes.

En bas :
Le *Roman du chevalier
Tristan et de la reine
Iseut*, récit d'amour
courtois, date
du XIIe siècle.
Tristan combat
Palamède,
enluminure d'Évrard
d'Espinques, XVe siècle,
musée Condé, Chantilly.

Débarrassé de la sexualité, l'amour s'installe d'abord dans la poésie des troubadours qui parcourent les châteaux des pays de langue d'oc, influencés, disent certains, par les cathares[56]. Pour eux comme pour les cathares, le *fin' amor* ne doit jamais être physique et finit nécessairement de façon tragique. Ils chantent la gloire d'une femme intouchable et désirée, en général imaginaire ou épouse d'un seigneur. Ils puisent dans l'*ud* de l'Orient un sens du martyre[19] qui permet au chevalier, de retour des batailles, de ne plus apparaître comme un soudard, un massacreur, mais d'être en phase avec le monde qui vient. Dans une Europe un peu plus apaisée, où les fenêtres des châteaux, après celles des cathédrales, commencent tant soit peu à s'élargir, se fait entendre une apologie de l'amour humain, d'un amour lointain, inaccessible, asexué – un amour courtois.

En ce XIIe siècle se créent des assemblées souvent féminines, dites *cours d'amour*, où l'on devise sur l'amour : venu de Byzance et des pays de culture grecque, Éros réapparaît sous la forme d'un coup de foudre meurtrier. Dans ces cours, le jour de la Saint-Valentin (lequel devient à ce moment le « patron » des amoureux), les seigneurs chantent et complimentent dames et demoiselles. Des chartes en établissent les nombreuses règles[56] : « Le jour de mon maître saint Valentin, on dira à l'église une messe pour ce saint martyr […]. En ce jour de fête, chacun de ses sujets doit composer une ballade amoureuse sur un thème de son choix. » Les poèmes dédiés à saint Valentin fleurissent. On retrouve aussi l'amour courtois dans des bestiaires (tel le *Bestiaire d'amour* de Richard de Fournival) et jusque sur des jeux d'échecs (*Le Livre des échecs amoureux*) où le cavalier cherche à conquérir la dame en mettant le roi mat[19].

L'amoureux « courtois » ne peut aimer qu'une femme inaccessible, en général l'épouse de son suzerain. Dans les contes du *fin' amor* comme dans les amours plus lestes des fabliaux – comme, plus tard, dans le théâtre de Shakespeare, puis ceux de Marivaux et de Beaumarchais –, l'érotisme passe nécessairement par un tiers, réel ou virtuel, spectateur ou acteur, qui aime aussi la dame et défie ou stimule l'amoureux. Comme si le désir était nécessairement triangulaire. Comme si l'amour impliquait la rivalité.

En 1185, un des théoriciens de cet art nouveau, André Le Chapelain, qui sera condamné par l'évêque de Paris, Étienne Tempier, écrit d'ailleurs dans son *De arte honeste amandi*[15] : « Rien n'empêche qu'une femme soit aimée par deux hommes, et un homme par deux femmes. » Il ajoute que le *fin' amor* suppose qu'un chevalier s'enamoure d'une dame mariée de condition supérieure à la sienne, et qu'il sublime son désir par des exploits d'exception : « Amours, vostre sers e vostre hom/Ai tous les jors été sans mentir[15]. »

Il définit ainsi, avec d'autres, les règles de l'amour courtois : l'amoureux doit être jaloux, pâlir en présence de sa dame, vivre dans la crainte, n'être jamais rassasié d'elle, être son « homme lige », d'une loyauté sans faille, prêt à mourir pour elle ; l'amoureux n'est jamais aimé, sauf si un philtre vient forcer la dame à s'attacher à son chevalier servant ; il doit considérer la chasteté qu'elle exige de lui comme une marque d'intérêt, et être prêt à aller jusqu'à l'*assag* (l'essai), où il est invité à dormir nu à côté de sa dame sans la toucher[15].

Le thème du premier grand récit d'amour courtois vient alors du fond des âges : *Tristan et Iseut*, dont plusieurs versions circulent à partir du XIIᵉ siècle. Pour Tristan et Iseut comme pour les premiers chrétiens et pour les cathares, l'amour est une maladie ; et les « purs », s'ils s'aiment, ne peuvent que désirer la mort : il n'y a pas d'amour heureux. *Tristan et Iseut* commence par : « Un beau conte d'amour et de mort. » Victime d'un philtre qui ne lui était pas destiné, le chevalier Tristan tombe amoureux d'Iseut, sa reine, épouse de son seigneur, le roi Marc. Tristan ne comprend pas ce qui lui arrive : « Dieu, comment se peut-il faire que plus n'est loin, plus la désire ? » Toutes les formes possibles de l'amour sont répertoriées ; toutes les relations imaginables entre amoureux et rivaux sont analysées dans ce chef-d'œuvre de la tragédie. Mais, à la différence de l'amour courtois, le philtre impose à Tristan et Iseut de s'aimer charnellement : la mort est, dès lors, leur seule issue.

C'est par l'amour courtois que s'amorce ainsi la modernité occidentale dont certains feront une quête amoureuse ; d'autres, une quête de savoir ; d'autres encore, une recherche artistique ; d'autres enfin, une quête de pouvoir. Plusieurs siècles après, Cervantès en donnera la version romanesque la plus aboutie avec son *Don Quichotte*, personnage contemporain de la naissance de l'amour courtois. C'est aussi par l'amour courtois que s'annoncent au loin les Lumières.

L'amour humain n'est pas nécessairement adultère : le comte Baudouin de Guînes s'effondre lorsque trépasse son épouse après quinze ans de mariage et dix maternités[5]. L'amour éclate, joyeux, impudique, dans la littérature comme dans la vie : l'amour conjugal heureux est au cœur de l'œuvre de Chrétien de Troyes qui écrit si subtilement : « Tant de joie dans ma douleur que je suis malade avec délice.[5] » Une des premières voix de femmes s'exprime alors ; vers 1160, Marie de France écrit : « Ni vous sans moi, ni moi sans vous », dans son *Lai du chèvrefeuille*[5]. Dans la première partie du *Roman de la rose* de Guillaume de Lorris, vers 1235, une jeune femme attire un jeune homme près d'une fontaine du jardin de Déduit où Éros lui décoche une flèche en plein cœur.

car cest celle qui la bonte
e fist si grant que le mouru
e gruchier du vergier flouri
en ueie pourtraite

pres le tint mien e la tint
Jeunece a uirs der et luisant
Qui ne cuidoit pas ecor passes
scoie cuit xb ans passes

Inspirés par les pratiques et les lectures d'Arabie, d'Inde, ainsi que des classiques grecs et latins, les croisés réimportent l'érotisme et l'amour en Europe[19]. Un « contre-dire », d'abord tourné crûment vers la seule sexualité, très explicitement hostile à l'amour courtois : « Je n'ai cure d'un amour trop élevé[19] », dit même une *cançó*. Dans *Le Roman de Renart*, le rusé Goupil viole la femme du loup Ysengrin, Hersent, qui semble y trouver du plaisir. Et des fabliaux comme *Les Qyatre Souais*, *Le Dit des cons*, *Le Débat du con et du vit* parlent de corps couverts de sexes et donnent la parole à vagins et phallus[19].

L'Église continue de tenter d'endiguer l'amour, qu'il soit réel ou courtois. Elle répète inlassablement que l'union charnelle n'est admise que dans le cadre du mariage et dans l'intention de procréer. Le « temps pour embrasser » est réduit à de rares moments, entre les fêtes liturgiques et le cycle de la femme. Aux yeux des clercs, seule la position de l'homme couché sur la femme est encore licite.

Ailleurs, aussi, surgit la littérature d'amour. En ce XIIe siècle, le Champenois Gace Brulé est alors le trouvère de l'amour triste[56]. Au XIVe siècle, Guillaume de Machaut, lui aussi champenois, sera celui de l'amour total (« Amour a pris tout son cœur/Amour est si grand/Qu'il ne laisse que miettes aux autres »). L'Église se résigne néanmoins, au XIIIe siècle, à ce que les conjoints s'aiment. Et un évêque italien de l'époque en vient à écrire qu'il y a adultère à épouser une femme sans « affection maritale » : dénomination que l'Église donne à l'amour humain. Autrement dit, le mariage contraint est un péché. L'Église tente (encore en vain) d'imposer le libre consentement, même pour les serfs, sauf lorsque les conjoints relèvent de maîtres différents : il n'y a plus trace de l'autorisation de se marier à partir de 1238. En revanche, le « droit de cuissage » se perpétue en toute légalité. On lit à l'article 11 de la Coutume de Bourgogne, charte rédigée au XIVe siècle, que « les serfs qui se marient perdent tous leurs biens s'ils ne mènent coucher leur femme dans la seigneurie le premier soir des noces ».

Pour l'Église, la sexualité reste donc sujet de grande méfiance. Le premier théologien à accepter, au XIIIe siècle, de penser la *raison* est Thomas d'Aquin. S'inspirant d'Aristote, il oppose la tempérance à l'« appétit concupiscible », et en fait l'un des piliers de la morale chrétienne, l'une des quatre vertus cardinales avec la prudence, la force et la justice.

Les filles nobles sont encore fréquemment mariées dès l'âge de 14 ou 15 ans, tandis que celles issues des classes populaires le sont plus tardivement, vers 18 ou 19 ans. Les garçons, eux, se marient vers 25 ou 27 ans. Le mariage est encore avant tout l'affaire des parents ou des familles : le consentement mutuel n'a presque jamais aucun poids, seule compte la perspective de faire

Page de gauche : Amant et Jeunesse s'embrassant dans le *Roman de la Rose*, chant courtois, récit initiatique et jeu littéraire, œuvre majeure du Moyen Âge. XVIe siècle, Bibliothèque Sainte-Geneviève, Paris, ms 1126 f° 8r.

un « bon » mariage. La consommation a lieu encore souvent avant les noces et rend l'engagement irrévocable, le transformant en mariage présumé[37].

Si, dans les classes aisées, on échappe à la tyrannie du mariage forcé par l'amour courtois et par la répudiation (sous prétexte d'une consanguinité en général imaginaire), dans le peuple on y parvient par la simple séparation et le « valentinage », qui accorde aux femmes, l'espace de quelques jours, le droit de faire ouvertement l'amour avec leurs amants.

En raison de la brève espérance de vie, encore souvent inférieure à quarante ans, des séparations de couples, de l'abandon de progéniture, de la mise en nourrice ou en apprentissage, le tiers des enfants ne vivent pas leur enfance avec leurs deux géniteurs. Les oncles se substituent aux parents disparus, le frère adulte assume la charge de ses sœurs restées célibataires. Les coutumiers du XIIIᵉ siècle consacrent alors de très nombreux chapitres au droit de baile ou de garde des enfants.

En 1204, Innocent III proclame que le mariage est l'un des sept sacrements de l'Église, mais les théologiens disputent toujours sur la nature de ce sacrement : pour Guillaume d'Auxerre, il est un sacrement quasi complet. Pour Huguccio, il est double : dans le consentement, union de l'âme à Dieu par la charité ; dans la consommation, union du Christ à l'Église par la nature[14]. Pour Thomas d'Aquin, il est source de grâce. Pour Johannes Teutonicus, il est triple : conjonction des âmes par le consentement (symbole de l'union du Christ et de l'âme) ; union charnelle (symbole de l'union du Christ et de l'Église) ; et *coniunctio corporum* (symbole de l'union de Dieu et de l'humanité). En 1215, le quatrième concile de Latran assouplit encore un peu les contraintes qui pèsent sur le mariage et renforce les droits des femmes. Pour éviter les trop nombreuses répudiations sous prétexte de consanguinité imaginaire, il réduit à quatre le nombre des degrés de parenté définissant la relation incestueuse. Il réitère d'innombrables décisions restées inappliquées des conciles antérieurs, comme l'intégration du mariage dans la liste officielle des sacrements de l'Église : « Les époux sont appelés à la béatitude éternelle aussi bien que ceux qui sont voués à la virginité. » Il impose également de nouveau la publication des bans, c'est-à-dire la proclamation solennelle du mariage in *facie ecclesiae* (à la face de l'Église), quelques jours avant sa célébration. Il continue de reconnaître les mariages clandestins s'il y a « foi promise » ou « consommation sexuelle ». Il interdit – une fois de plus en vain – le mariage des enfants. L'adultère est toujours péché mortel, la répudiation toujours interdite. Les polygames et les divorcés sont toujours excommuniés. Le divorce à l'initiative de l'homme est autorisé en quatre cas vérifiés par une enquête religieuse : la stérilité ; l'impuissance ; la consanguinité ; l'ordination

de l'un des conjoints. Latran IV tente aussi, encore une fois, d'imposer le célibat aux prêtres ; mais bien des sièges épiscopaux se transmettent encore de père en fils. Rare nouveauté : il impose au mari de constituer un capital égal au moins au tiers de ses biens, qui revient à sa femme à sa mort et qui, à la mort de la femme, revient aux enfants du mari[36].

Des actes notariés du XIII\u1D49 siècle montrent en Italie que des notaires reçoivent toujours l'échange des consentements. Parfois les cortèges passent devant les églises et, sur le parvis, le prêtre joint les mains des époux et les bénit pendant qu'ils échangent les anneaux, que l'homme commence à porter aussi. En 1220, à Verdun, sont fabriquées des dragées qui, vendues aux femmes enceintes par les apothicaires comme bienfaisantes pour leur grossesse, symbolisent la fécondité. Partout à travers l'Europe continue la vente d'épouses, même si en Prusse le légat du pape, le futur Urbain IV, s'efforce, encore en vain, de la faire abolir.

En 1247, le concile de Lyon mentionne également les sacrements de l'Église romaine comme un élément commun à ces deux branches du christianisme. À la fin du XIII\u1D49 siècle, le mariage n'est encore pour beaucoup, en Occident comme dans le reste du monde, qu'une façon d'organiser la reproduction de l'ordre social. Le grand philosophe majorcain Raymond Lulle explique à

Enluminure du *Décret de Gratien* illustrant un mariage entre consanguins soumis au jugement de l'évêque. XIV\u1D49 siècle, Bibliothèque municipale, Angers, ms 0372 f\u1D52 350v.

149

Ci-contre :
Dante a 9 ans lorsqu'il
tombe amoureux de
Béatrice, 8 ans. Elle ne
l'aimera jamais,
mais deviendra
pour lui l'incarnation
divine de l'amour,
lui inspirant
La Divine Comédie.
Illustration du *Chant II*
du *Paradis,*
S. Botticelli, xv siècle,
Kupferstichkabinett,
Berlin.

son fils que le mariage « est assemblement corporel et spirituel ordonné pour avoir enfants qui soient serviteurs de Dieu ». Gilles de Rome, à la même époque, pense que « la maison d'un homme et son ostel n'est pas parfait si la femme et le mari n'ont enfants [14] ». Par le plus étonnant et le plus tragique des hasards, le XIVᵉ siècle provoque un basculement : un grand désastre libère l'amour humain de la méfiance chrétienne.

Jusqu'à ce que le capitalisme, tapi en embuscade, s'emploie à en recouvrer les bénéfices.

Tout commence par deux coups de foudre.

Dante Alighieri a 9 ans en 1274 lorsqu'il croise, à Florence, Béatrice Portinari qui en a 8. Il murmure, écrira-t-il, à son âme : « La source de votre béatitude est apparue. » Son âme lui répond : « Hélas, malheureux, je serai souvent incapable d'agir désormais. » Béatrice n'accordera jamais aucune attention à Dante. Elle deviendra pour lui l'incarnation divine de l'amour. Et il dira : « J'espère écrire d'elle ce qui jamais ne fut dit d'aucune femme [18]. » Dans *La Divine Comédie*, elle le guidera dans son pèlerinage au paradis et l'amènera finalement jusqu'à Dieu.

Moins d'un siècle plus tard, un autre coup de foudre conduit à un autre chef-d'œuvre. En 1327, croisant en l'église de Sainte-Claire d'Avignon Laure de Noves, épouse depuis deux ans d'Hugues de Sade (ancêtre, dit-on, du Divin Marquis), Pétrarque, un des premiers redécouvreurs de la poésie latine, est foudroyé. Il écrira sur elle trois cent soixante-six poèmes en toscan. Alors que la poésie de Dante est pour une large part métaphysique, celle de Pétrarque est concrète, simple, vécue. Alors que pour Dante la femme est le chemin du Ciel, pour Pétrarque elle est aimée pour elle-même, pour sa beauté, dégagée des abstractions médiévales, quoique le poète, en bon chrétien, souffre de ces contradictions. À la mort de la jeune femme en 1348, année où la Grande Peste commence à sévir en Europe, il écrit :

En haut :
Pétrarque est foudroyé par l'amour lorsqu'il croise Laure de Noves en 1327.
Laure et Pétrarque à Fontaine-de-Vaucluse, P. Van Brée, 1816, musée des Beaux-Arts, Rennes.

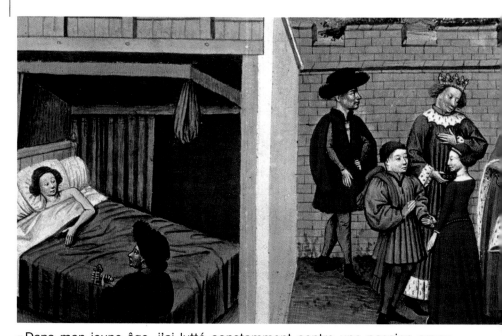

« Dans mon jeune âge, j'ai lutté constamment contre une passion amoureuse débordante mais pure – mon seul amour, et j'aurais lutté encore si la mort prématurée, amère mais salutaire pour moi, n'avait éteint les flammes de la passion. J'aimerais certainement pouvoir dire que j'ai toujours été entièrement libre des désirs de la chair, mais je mentirais en le disant [52]. »

Le fléau de la peste emporte, cette année-là et les suivantes, le tiers de l'Europe. Il fait prendre conscience de la valeur de la vie humaine, et donc de l'amour. Femmes et enfants sont de plus en plus aimés et protégés ; la puériculture connaît ses premiers progrès ; oncles et grands-parents se substituent aux parents disparus ; le frère aîné prend sous sa protection sa mère devenue veuve et ses sœurs restées célibataires. Le travail humain devient plus rare, donc plus cher. Le progrès technique se révèle nécessaire. Mais, pour le financer, il faut cesser de consacrer les richesses produites à accumuler des femmes, comme dans la polygynie, ou à construire des cathédrales, comme dans la version chrétienne de la monogamie.

Viennent encore deux nouveaux chefs-d'œuvre, inspirés cette fois par la peste elle-même. L'année même de la mort de Pétrarque, en 1374, Boccace entame l'écriture du *Décaméron*[13]. Il y raconte comment, afin de fuir l'épidémie qui ravage Florence comme le reste de l'Europe, en 1348, dix jeunes gens (sept femmes et trois hommes) se réfugient à la campagne, l'espace de quelques jours. Pour se divertir, tous doivent raconter une histoire sur un thème choisi par l'un d'eux nommé roi (ou reine) du jour. Ces nouvelles tournent naturellement autour de l'amour ; elles sont presque toutes à la gloire des femmes.

À l'autre bout de l'Europe, en Angleterre, au même moment, Chaucer, dans les *Contes de Canterbury*, reprend le même artifice pour mettre en scène les relations des gens de son temps et faire exploser les conventions : « Les chevaliers n'ont qu'un seul remède pour vaincre ces corrompues et corruptrices : le mariage. En effet, ce dernier désarme totalement la femme en la rendant mère [16]. » Le plus édifiant de ces contes est « La bourgeoise de Bath », dans lequel une veuve mariée à cinq reprises à partir de l'âge de 12 ans prétend, forte de cette expérience, pouvoir parler en toute connaissance de l'amour. Ses trois premiers maris étaient riches et vieux ; le quatrième, un noceur, fit de sa vie un enfer ; le cinquième, « un clerc d'Oxford, épousé par amour et non pour l'argent », la battait et lui « lisait de multiples exemples de la duplicité des femmes, tirés des nombreux ouvrages de sa bibliothèque ». La bourgeoise de Bath lance alors – et Chaucer à travers elle – comme un défi à son temps, un appel au droit des femmes à l'amour : « Dieu nous a dit : "Croissez et multipliez", noble parole et facile à comprendre. Dieu ajouta que mon mari devait quitter père et mère pour s'attacher à moi, mais Dieu ne parle jamais du nombre de mariages, ni de bigamie ni d'octogamie. Alors pourquoi y voir de l'infamie ? [...] Je veux consacrer la fleur de mon âge aux œuvres de chair, aux fruits du mariage [...]. Je n'ai rien contre la virginité : les vierges sont des pains de pur froment ; mais le pain d'orge, c'est nous, les femmes mariées [16] ! »

Il faudra bien des siècles, encore, pour que cet appel à la liberté des femmes soit quelque peu entendu des hommes. Pour que les uns et les autres se parlent, pour le moins, en êtres libres. Différents, mais libres.

chapitre 7

La glorification de l'amour

XVe - XVIIIe SIÈCLES

« Dans un mois, dans un an, comment souffrirons-nous,

Seigneur, que tant de mers me séparent de vous ?

Que le jour recommence et que le jour finisse,

Sans que jamais Titus puisse voir Bérénice ? »

RACINE, *BÉRÉNICE*

Au début du XVe siècle, l'Asie, l'Amérique, l'Afrique sont encore pour une grande part polygynes, en tout cas chez les puissants. Dans les pays chrétiens d'Orient, le mariage, lorsqu'il est religieux et monogame, a lieu à l'église. En Occident, les grandes épidémies s'éloignent, la sexualité se libère. Les femmes y jouent le premier rôle : ce sont elles, désormais, qui osent parler d'amour. Avec la victoire des marchands, le carême prend le pas sur le carnaval. Et l'obsession d'épargner, de construire, d'accumuler de la propriété, impose désormais le mariage monogame que l'Église n'a pas réussi à obtenir de ses fidèles. Comme l'ordre marchand, le mariage bourgeois réussit là ou la nuptialité chrétienne a échoué. L'Europe se divise en deux. Chez les Français et les Italiens, l'amour prend le pouvoir. En d'autres pays, c'est le marché. Chez les uns, on n'édifie plus de cathédrales mais des palais, on écrit des poèmes. Chez les autres, on construit des bateaux et des entrepôts. Mais chez les uns et les autres, on s'aime en cachette ou avec ostentation. Pendant qu'à Venise l'amour libre et le libertinage sont si bien devenus la règle, y compris dans les monastères et les couvents, qu'il est mal vu de se marier (sauf chez les cadets, au sein des familles, afin de préserver la lignée), et pendant qu'en France les monarques continuent de donner aux seigneurs et aux bourgeois l'exemple de la polygamie et de la liberté d'aimer, à Bruges, à Anvers et à Amsterdam, l'amour est toujours réprimé, non plus par l'Église, mais par les exigences du projet bourgeois : épargner de l'argent, donc économiser ses sentiments ; unir des ambitions familiales et non des coups de foudre.

Alors qu'en 1416, dans *Les Très Riches Heures du duc de Berry*, enluminées par les trois frères de Limbourg pour le frère du roi Charles V, on ose à peine montrer dans l'une des illustrations du mois de février, à l'intérieur d'une masure, au second plan, un homme et une femme partiellement nus se réchauffant près d'un feu, en Flandre, Jérôme Bosch, dans *Le Jardin des délices*, dénonce ouvertement le clergé, symbolisé par un cochon, et annonce un paradis terrestre fait de nudité et de plaisir[19]. Alors qu'à Venise Titien peint les premières femmes nues avec la *Vénus d'Urbino*, à Anvers Van Eyck peint l'austère opulence de marchands génois émigrés, les Arnolfini, premier portrait d'un couple bourgeois obsédé par l'épargne, que le peintre regarde lui-même comme en coulisse, génial et ironique, dans le miroir de sa propre liberté[3]. L'avènement progressif de la société bourgeoise fait ainsi passer l'héritage au premier rang des raisons d'être de la famille et du mariage. Il réoriente les richesses vers l'activité productive. Couvents et églises recrutent de moins en moins les cadets, que les aînés mettent au travail.

Page précédente :
Vénus d'Urbino
par Titien, 1538,
Galerie des Offices,
Florence.

Page de droite :
Les Très Riches Heures du duc de Berry, illustrées pour le frère du roi Charles V, osent montrer, en 1416, un homme et une femme partiellement nus près d'un feu.
Le Mois de Février, par les frères de Limbourg. Musée Condé, Chantilly.

L'Église catholique n'en continue pas moins son combat et, en creux, ses prescriptions disent la réalité des pratiques en Europe. En 1439, le concile de Florence rappelle que le mariage exige l'accord des époux et des parents, qu'il est un sacrement indissoluble, administré en présence d'au moins deux témoins ; le curé de la paroisse doit demander leur consentement aux deux jeunes gens (qui doivent être âgés de plus de 12 ans pour les filles, de plus de 15 ans pour les garçons). Comme la promise peut, sous prétexte de pudeur, se contenter d'un signe de tête, cela permet de lui imposer toutes les contraintes sans qu'elle risque de se parjurer.

Dans toute l'Europe, hommes et femmes se rencontrent un peu plus facilement chez les uns et chez les autres, dans des lieux publics ou privés. Les aventures se multiplient, et le clergé est de plus en plus sollicité par l'un ou l'autre des partenaires pour consacrer une aventure d'un soir par un mariage. Ces jugements en disent long sur les mœurs de l'époque. Ainsi, à Paris, au XVe siècle, une femme demande la reconnaissance de son mariage avec un homme qui le refuse[14]. Elle soutient qu'il y a eu fiançailles, publication des bans et relations sexuelles ; l'homme reconnaît les faits, mais rétorque qu'il a ensuite appris que cette femme était déjà mariée ; celle-ci répond qu'elle l'était en effet, mais à quelqu'un qui était aussi déjà marié, et donc que ce premier mariage n'était pas valide. Et l'Église lui donne raison. Parfois, plus rarement, la femme refuse l'union[14] : un certain Jean Pierschorp de Lubschicz, après une nuit passée avec une femme dénommée Dorothée Caetolonis, veut l'épouser et lui demande au matin : « Dis ceci : "Je te donne ma foi." » Elle répond : « Qu'il en soit ainsi au nom de sainte Marie », et elle lui baise la main. Mais, quelques jours plus tard, elle refuse de l'épouser ; il l'assigne alors devant le tribunal religieux qui le déboute : ces mots, disent les juges, ne signifient pas consentement ; et la *copula carnis* ne suffit pas à

Le Mariage de Giovanni Arnolfini et sa femme Giovanna Cenami en 1434, Van Eyck, National Gallery, Londres.

établir l'union. Il arrive aussi qu'une épouse insatisfaite des performances sexuelles de son mari obtient d'un tribunal ecclésiastique l'annulation du mariage après expertise de clercs et de médecins[36]. La famille commence aussi à graviter autour des enfants : la Grande Peste a fait mourir tant de parents, d'amis, de jeunes qu'on prend soin désormais de la vie. Même si les enfants vivent rarement plus de sept ans avec leurs deux parents, ils sont plus aimés et protégés que jamais ; oncles et grands-parents continuent de se substituer aux géniteurs disparus. La famille devient une réalité sociale, non plus seulement religieuse, et, quand c'est possible, les garçons restent chez leur père jusqu'à l'approche de la trentaine.

Comme l'Église n'est pas un modèle de vertu, à l'orée du XVIᵉ siècle, la révolte devient révolution : en 1517, Luther dénonce la luxure des prêtres et la licence des mœurs. Des chrétiens s'insurgent contre l'apologie par l'Église d'une pauvreté dont elle ne donne nullement l'exemple, et d'une chasteté qu'elle ne pratique pas. Ils expliquent que le scandale c'est la pauvreté, non pas la richesse, et qu'il faut épargner pour l'avenir, et non pour le luxe de l'Église. Entre autres ruptures, les disciples de Luther nient le septième sacrement, placent le mariage hors du domaine du surnaturel, et le renvoient à la compétence laïque ; il n'est donc plus un sacrement, mais une simple cérémonie bénie par le ministre du culte ; ce qui revient à remettre en cause son indissolubilité ; en particulier, pour eux, l'adultère dissout *de facto* l'union. Les réformés ne se font même plus les farouches défenseurs de la monogamie : Luther, en particulier, se montre indulgent pour la bigamie du landgrave Philippe de Hesse, qui le soutient. On n'assiste pas pour autant à une libération de la sexualité ou de l'amour, mais à son enfermement nouveau au service, cette fois, de l'épargne et de l'ordre marchand. Des théoriciens de la science politique, devinant ce à quoi tout cela peut conduire, commencent alors à concevoir un nouvel ordre sexuel, plus strict, au service d'une société qui deviendrait marchande au service d'un État laïque.

Le plus extraordinaire d'entre ces penseurs surgit à ce moment particulièrement tragique de l'histoire de son pays : Thomas More, chancelier d'Angleterre, celui-là même qui refusera bientôt de soutenir Henry VIII dans sa décision de passer outre au refus de Rome de le laisser divorcer[50]. Inquiet de l'évolution de son pays, il réfléchit en 1516 à ce que pourrait devenir une société totalement centrée sur le travail et l'efficacité, qu'il nomme « Utopie ». Il y décrit en fait, en les poussant à l'extrême, ce qu'il pense être les dangers de l'ordre qu'il voit s'instaurer en Angleterre autour de son monarque, et de ce que pourraient devenir, poussés à l'extrême, la société industrielle et le capitalisme d'État dont il voit poindre les prémices[50]. Naturellement, il réfléchit à la place que pourraient

y prendre les relations amoureuses : si Utopie interdit la propriété privée, Utopie est monogame. Si certains Utopiens peuvent renoncer à la sexualité pour espérer atteindre le paradis, la plupart acceptent le mariage, parce qu'ils doivent des enfants à la patrie. Si tous doivent fuir « la perverse séduction du désir », ils acceptent la sexualité, pour autant qu'elle ne les écarte pas du travail, de la production, de l'épargne. Avant le mariage, la chasteté est de rigueur ; le mariage, décidé par les parents, est célébré à 22 ans pour les filles, à 26 pour les garçons. Il est irréversible et la fidélité est de règle.

L'adultère est puni d'esclavage et sa récidive de mort. À la naissance, les enfants sont confiés à des nourrices et élevés par l'État pour la plus grande gloire de l'île[50]. L'Utopie de More n'est pas un souhait de l'auteur. C'est une image grinçante de ce qu'il imagine être le devenir de l'Angleterre ; de fait, le puritanisme qui s'annonce ne sera pas très éloigné de cette caricature, sauf que la propriété restera privée et que le totalitarisme des mœurs n'y sera pas imposé par l'État, mais par la convention sociale, plus forte encore.

Ailleurs en Europe, là où l'Église catholique tente encore d'imposer sa loi, on se marie de plus en plus tard pour des raisons économiques plus que morales ou sociales. De plus en plus de jeunes gens convolent sans le consentement parental. Certains théologiens considèrent encore qu'il y a péché mortel à passer outre aux volontés paternelles. Et on a trace, au milieu du XVIᵉ siècle, d'un fils de parlementaire dijonnais demandant à son père quelle épouse il lui avait choisi, et qui s'entendit répondre : « Mon fils, occupez-vous de vos affaires[36] ! » Pourtant, partout en Europe, malgré la Réforme, la sexualité et l'amour occupent une place de plus en plus large, tant dans la réalité vécue qu'en littérature. La sexualité est d'ailleurs beaucoup plus libre que le souhaite l'Église, et ce dans tous les milieux : à Rouen, par exemple, port majeur du XVIᵉ siècle, dans 20 % des mariages, la première naissance a lieu moins de neuf mois après la cérémonie. En Italie, écrivains et peintres se montrent de plus en plus audacieux, jusque dans les cathédrales où depuis longtemps se sont glissées des images érotiques, les feuilles de vigne disparaissent des statues. Écrits juste après le retour de la peste en 1525, les *Sonnets luxurieux* de l'Arétin, l'un des premiers livres érotiques occidentaux des temps modernes, présentent des postures d'une audace encore inconnue hors d'Asie[19] : « Puisque c'est pour baiser que l'on nous mit ici,/Baisons, mais

L'île,
Utopie de Thomas More,
1530.

160

La glorification de l'amour

En haut :
Toujours pas de mariage dans l'église au XVIe siècle. Seulement la signature d'un registre tenu par un prêtre au cours d'une cérémonie privée, souvent fastueuse.
Le Contrat de mariage, A. Watteau, XVIIIe siècle, musée du Prado, Madrid.

En bas :
En 1527, Henry VIII demande le divorce d'avec Catherine d'Aragon qui ne lui a pas donné d'héritier. L'Église refuse. Il n'obtient satisfaction en 1533 qu'après une violente opposition avec Rome. *Le Divorce d'Henry VIII*, musée des Beaux-Arts, Orléans.

En Italie, l'audace
des artistes du XVIᵉ siècle
fait disparaître les feuilles
de vigne des statues.
David par Michel-Ange,
Florence, Italie.

baisons donc et foutons-nous sans cesse./Toi tu aimes le nœud, moi je chéris la fesse./Le monde serait con s'il n'en était ainsi. » Pour avoir écrit cela, l'Arétin est chassé de Rome par le pape Clément VII qui n'est pourtant pas un modèle de chasteté.

En France, au début du XVIᵉ siècle, imitant les Italiens, François Iᵉʳ introduit plus largement les femmes à la cour et, avec elles, la galanterie, prolongement de l'amour courtois. Elles ne sont plus seulement un idéal à jamais inaccessible, mais aussi une des voies de la réussite masculine :

plaire aux femmes des hautes sphères de la société devient une façon de se frayer un chemin vers le pouvoir. Il faut pour cela faire preuve de vaillance et surtout de « galanterie ». Le mot apparaît en 1528 avec *Le Livre du courtisan* de Castiglione qui désigne comme « galant » l'homme qui, à la cour, sait plaire et séduire. Le mot « galer » veut alors dire en français se livrer au plaisir, avoir du succès par la ruse ou la séduction. Un peu plus tard, les poètes français – Ronsard en premier lieu – donnent à leurs poésies des accents oubliés depuis la Rome antique : « Et des amours desquelles nous parlons/Quand serons morts, n'en sera plus nouvelle/Pour ce, aimez-moi cependant qu'êtes belle… »

En 1545, après les turpitudes des Borgia, et avant le dernier pape père de famille, Grégoire XIII, le concile de Trente entend tout à la fois s'opposer à la Réforme et aux mœurs dissolues du clergé. Contre les réformés, le concile insiste sur le sacrement du mariage, image terrestre de l'union de Dieu avec son Église. Il rappelle encore qu'il vaut mieux rester vierge et célibataire que se marier. Il réclame pour l'Église un pouvoir absolu sur le mariage, même si le laïc, concède-t-il, peut avoir un rôle dans les effets civils du contrat. Il condamne les maris ayant une concubine au domicile conjugal, ce qui tend à démontrer que la polygynie est encore une pratique fréquente en chrétienté et que l'Église l'a tolérée jusque-là, sauf sous le même toit. Il interdit de nouveau à deux personnes de cohabiter hors mariage. Il s'oppose au mariage d'un fiancé avec un parent de l'autre fiancé, ce qu'il qualifie d'« empêchement

Fontaine de Neptune,
B. Ammannati, 1576,
Florence, Italie.

d'honnêteté publique », ainsi qu'au « mariage de parole », c'est-à-dire sans témoin. Il décrète que la remise de l'anneau à la femme – encore la seule à en porter –, au cours d'une cérémonie familiale avec le prêtre pour officiant et témoin, vaut promesse de mariage. Les mariés et leurs témoins doivent également désormais signer un registre conservé par le prêtre, qui tient l'état civil. L'union ne peut être rompue que si elle n'est pas consommée ou si l'un des conjoints entre en religion. Le concile de Trente répète aussi qu'en certaines circonstances l'Église peut obliger deux conjoints à vivre séparés ou à ne pas faire l'amour, en guise de pénitence pour certaines fautes. En opposition frontale avec les réformés, Rome interdit à quiconque d'émettre un doute sur ses décisions : « Si quelqu'un dit que l'Église se trompe lorsqu'elle décrète que, pour de nombreuses raisons, les époux peuvent vivre séparés, sans vie conjugale ou sans vie en commun, pour un temps déterminé ou indéterminé : qu'il soit anathème ! »

La Contre-Réforme catholique tente aussi de reprendre à son compte la bataille des protestants en faveur de l'honnêteté dans l'Église et de la pudeur dans l'art. Elle interdit, cette fois avec un début de succès, le mariage des prélats, et décrète l'apposition sur les statues d'une feuille de figuier, là où la Renaissance avait fait disparaître la feuille de vigne. Malgré ce concile, l'Église ne sait toujours pas expliquer comment un consentement peut être à la fois indissoluble et libre, ni comment concilier le libre consentement des époux et l'obéissance filiale. Le pouvoir temporel, en terre catholique comme en terre réformée, s'engouffre dans ces failles. L'indissolubilité du mariage sera bientôt ouvertement critiquée par Érasme aux Pays-Bas et par Bodin en France.

Dans tous les pays d'Europe, les justices royales et princières commencent à subordonner la compétence juridique de l'Église à la leur et ne transposent plus qu'à leur guise en lois de l'État les exigences du concile. La France, en particulier, développe une théorie autorisant les magistrats à annuler le contrat de mariage : même si le sacrement n'est en principe pas remis en cause, il est en fait caduc.

Au même moment, autour de 1560, en Europe du Nord, un tableau majeur de la peinture occidentale, *Le Combat de Carnaval et de Carême*, œuvre de Pierre Bruegel l'Ancien, voit le carême prendre le pas sur le carnaval, les marchands sur les prêtres, l'épargne sur le détournement des richesses. Dans un ouvrage publié un peu plus tard à Padoue, en 1564, un chirurgien professeur d'anatomie, Gabriel Fallope, décrit son invention : un fourreau de lin « à la mesure du gland », imbibé d'une décoction d'herbes astringentes, benjoin, gaïac ou absinthe, destiné à « préserver contre la carie française » (la syphilis). C'est le premier préservatif utilisé en Europe[19].

En 1580 se produit une révolution des mœurs que tout laissait attendre : la Hollande, qui vient de devenir la première puissance marchande au monde en supplantant la licencieuse Venise, institue le mariage civil. Son théoricien, Grotius, en fait un contrat entre égaux, fondé sur le consentement mutuel, avec droits et devoirs communs, pouvant se défaire pour incompatibilité d'humeur, mauvais traitements ou par consentement mutuel. D'autres théoriciens vont plus loin : un certain Thomasius, jurisconsulte allemand, soutient que les conjoints devraient pouvoir fixer à l'avance la durée de leur union[14].

Commence aussi une certaine prise de conscience des exigences de l'hygiène, ouvrant à une beaucoup plus grande liberté sexuelle, à un érotisme plus transparent, comme l'illustre, en 1594, *Le Bain de Gabrielle d'Estrées et de sa sœur la duchesse de Villars*. Au même moment apparaît

Absinthe, plante placée au fond d'un fourreau de lin utilisé comme préservatif au XVIᵉ siècle pour combattre la syphilis.

Balcon de la Casa di
Giulietta à Vérone.
L'amour tragique de
Roméo et Juliette, issus
de deux familles rivales
et transgressant les
interdits jusqu'à la mort,
n'a jamais cessé
d'inspirer les amoureux
du monde entier.
Italie.

au théâtre, dans *Héro et Léandre* de Christopher Marlowe, le premier coup de foudre réciproque à n'être pas provoqué par un philtre : Léandre aime Hero qui l'attire par ses audacieuses invites et met fin d'un baiser fougueux à un discours, trop long à son goût, de son amoureux. William Shakespeare écrit *Venus and Adonis*, inspiré des *Métamorphoses* d'Ovide[58]. L'année suivante, en 1595, il fait représenter *Roméo et Juliette*, autre coup de foudre (inspiré d'un conte beaucoup moins audacieux de Masuccio de Salerne), où il décrit un impossible amour entre deux enfants de familles ennemies, un amour transgressant les interdits jusqu'à la mort et où l'audace est, comme chez Marlowe, avant tout féminine. Car si Roméo dit que Juliette est « la vraie beauté », « l'amante parfaite », et s'il se demande : « Mon cœur a-t-il aimé avant aujourd'hui[58] ? », c'est Juliette qui formule la première demande sexuelle féminine : « *Take all my self** . »

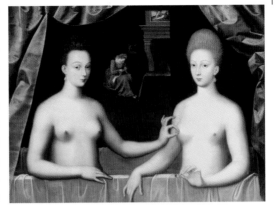

Quatre ans après, dans *Comme il vous plaira*, Shakespeare fomente le premier coup d'État de l'amour contre l'Église et dans l'Église : quand Celia demande à Orlando s'il veut prendre Rosalinde pour femme, Orlando répond : « Je le veux »; puis, sans laisser Celia poser la même question à Rosalinde, il s'adresse à sa future épouse et dit : « Je te prends pour femme, Rosalinde » – et Rosalinde de lui répondre : « Je te prends pour mari, Orlando[58]. » Le seul et unique fondement du mariage est désormais le consentement des époux.

Dès lors, tout change : homme et femme se considèrent comme des êtres humains de même importance, et l'amour n'est entier que s'il est réciproque. La polygamie n'a pas pour autant disparu d'Europe, y compris dans les pays où s'installe le puritanisme réformé : lord Cooper, chancelier d'Angleterre sous Charles II, épouse secrètement une seconde femme avec le consentement de la première, puis rédige, on l'a vu, un livre en faveur de la polygamie. Les rois de France ont encore, à côté de leurs épouses et d'innombrables aventures, des maîtresses officielles, successives ou simultanées : Gabrielle d'Estrées, Henriette d'Entraigues, Charlotte des Essarts pour Henri IV ; Mlle de La Vallière, Mme de Montespan, Mme de Maintenon, etc. pour le Roi Soleil ; la Pompadour et Mme du Barry pour Louis XV.

Le Bain de Gabrielle d'Estrées et de sa sœur la duchesse de Villars. Le doigt sur la pointe du sein souligne que Gabrielle, grand amour d'Henri IV, est enceinte de son royal amant et que cette partie de son corps fournira bientôt du lait. Anonyme, 1594, musée du Louvre, Paris.

---

* « Prends tout de moi. »

En 1614, Paul V réaffirme ce que l'Église soutient depuis sa fondation et ce que le concile de Trente a répété quelques décennies plus tôt[37] : « L'état conjugal ne peut être placé au-dessus de l'état de virginité ou de célibat. Au contraire, il est mieux et plus heureux de rester dans la virginité ou le célibat que de rester dans le mariage. » Au début du XVIIe siècle, partout en Europe, le nombre de naissances illégitimes se met à décroître. Les familles marchandes, sur les terres catholiques aussi bien que protestantes, cherchent par le mariage à faire prospérer leur nom, et, à cette fin, à acheter des places pour leurs enfants au sein de familles plus haut placées. Si les femmes du peuple peuvent parfois se marier par amour, les femmes des hautes castes restent une monnaie d'échange, un moyen d'agrandir un territoire, une fortune, et d'assurer une descendance.

C'est aussi le moment d'audaces nouvelles, artistiques et intellectuelles, sur le thème de la sexualité et de l'amour. C'est à la fois l'époque d'un des premiers nus païens, *La Vénus au miroir* de Vélasquez, et, quatre ans plus tard, de l'ambiguë statue *Sainte Thérèse* du Bernin, au Vatican, qui semble vivre au moins autant un orgasme qu'une extase mystique. C'est aussi, en particulier en France, le début d'une interminable dispute, en littérature, à propos du dilemme entre droits de l'amour et devoirs politiques. Corneille en fait le premier moteur de l'histoire : « L'amour est un tyran qui n'épargne personne », dit le Cid, ajoutant : « L'amour n'est qu'un plaisir, l'honneur est un devoir. »

Pascal, qui semble n'avoir eu d'amour terrestre que pour sa sœur Jacqueline, en dénonce les ravages : « Qui voudra connaître à plein la vanité de l'homme n'a qu'à considérer les causes et les effets de l'amour. La cause en est un je-ne-sais-quoi. Corneille. Et les effets en sont effroyables. Ce je-ne-sais-quoi, si peu de chose qu'on ne peut le reconnaître, remue toute la terre, les princes, les armées, le monde entier. Le nez de Cléopâtre, s'il eût été plus court, toute la face de la terre aurait changé [54]. » Il dénonce ainsi le désir : « La nature nous rendant toujours malheureux en tous états, nos désirs nous figurent en l'état heureux, parce qu'ils joignent à l'état où nous sommes les plaisirs de l'état où

DOM JUAN.

nous ne sommes pas. Et quand nous arriverions à ces plaisirs, nous ne serions pas heureux pour cela, parce que nous aurions d'autres désirs conformes à ce nouvel état [54]. » Quand il parle du « cœur » qui a « ses raisons que la raison ne connaît pas », il ne parle pas de l'amour humain, terrestre, mais de la foi. Puis vient le théâtre de Molière où l'amour est d'abord l'occasion d'un conflit entre des jeunes gens amoureux et des parents décidés à leur imposer des alliances. En 1670, à la fin du *Bourgeois gentilhomme*, on envoie quérir le notaire, et non un prêtre, pour concrétiser un mariage. L'amour est très souvent, chez Molière, une demande féminine, une concession masculine. Le personnage extrême de son théâtre, Dom Juan, n'adresse d'ailleurs jamais une seule parole d'amour sincère à une femme, et il ne prononce le mot qu'une seule fois de manière authentique, en défiant un mendiant à qui il fait l'aumône d'une phrase ironique ou sincère, en tout cas à jamais mystérieuse : « Je te veux donner un louis d'or, et je te le donne pour l'amour de l'humanité. »

L'amour est aussi un sentiment d'abord féminin chez Racine, qui fait dire à Phèdre les plus beaux vers français décrivant un coup de foudre : « Je le vis, je rougis, je pâlis à sa vue ;/Un trouble s'éleva dans mon âme éperdue. […] Je fuis des yeux distraits/Qui, me voyant toujours, ne me voyaient jamais./Pour fruit de tant d'amour, j'aurai le triste emploi/De recueillir des larmes qui ne sont pas pour moi. » Et qui fait dire à la reine juive Bérénice, qui tente en vain de retenir le général Titus, rappelé à Rome, les plus beaux vers sur l'amour déçu : « Êtes-vous pleinement content de votre gloire ?/Avez-vous bien pro-

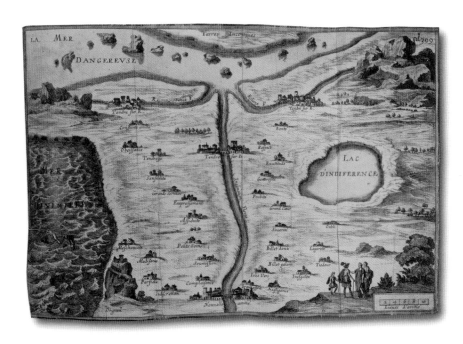

mis d'oublier ma mémoire ?/Mais ce n'est pas assez expier vos amours :/Avez-vous bien promis de me haïr toujours ? » Et ce dernier appel, universel : « Dans un mois, dans un an, comment souffrirons-nous,/Seigneur, que tant de mers me séparent de vous ?/Que le jour recommence et que le jour finisse,/Sans que jamais Titus puisse voir Bérénice… » La Rochefoucauld dénonce à son tour : « Dans l'âme, c'est une passion de régner ; dans les esprits, c'est une sympathie ; et dans le corps, ce n'est qu'une envie cachée et délicate de posséder ce que l'on aime après beaucoup de mystère. »

Puisque l'amour devient de plus en plus un territoire féminin, d'innombrables femmes commencent à en parler en esthétisant toute sexualité. Elles ne se considèrent plus comme des proies, pas encore comme des chasseresses. Mme de La Fayette, Mlle de Scudéry font de la réserve, de la pudeur et de la galanterie autant de stratégies féminines ; leurs romans décrivent les obstacles mis à l'amour, avec de temps à autre, et pour la première fois, une fin heureuse : l'amour l'emporte sur les exigences de l'ordre social. Apparaît l'introspection : l'amour n'est plus contraint par la religion ni même par la famille, mais par le seul jeu de la relation entre deux êtres et par ce qui est alors porté au plus haut : la conversation. Madeleine de Scudéry et la marquise de Rambouillet, désignées du nom de « Précieuses », imaginent, pour théoriser sur l'amour de façon allusive, une *Carte de Tendre*. Pour aller de l'une à l'autre des trois villes de Tendre (« Tendre-sur-Inclination », « Tendre-sur-Estime » et « Tendre-sur-Reconnaissance »), il faut passer par « Grand-Esprit » et les

Carte de Tendre, représentation des différentes étapes de la vie amoureuse selon les Précieuses du XVIIe siècle. Gravure, BNF, Paris.

171

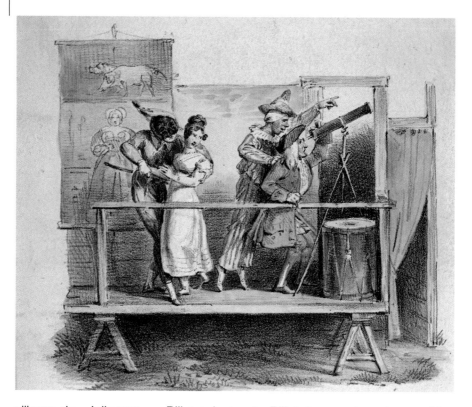

La Seconde Surprise de l'amour de Marivaux, représentation en plein air, vers 1820. Bibliothèque des Arts décoratifs, Paris.

villages de « Jolis-vers », « Billet-galant » et « Billet-doux », et contourner bien sûr le « lac d'Indifférence ». Un fleuve nommé « Inclination » est rejoint à son embouchure par deux rivières, « Estime » et « Reconnaissance ». Le *Cyrano de Bergerac* d'Edmond Rostand, dont l'action se situe précisément à cette époque, en éclairera plus tard la puissance tragique : Cyrano est pris entre la haine de soi et son adoration pour Roxane, elle-même amoureuse de lui sans le savoir, séduite par son art de la conversation.

Au XVIIIe siècle, avec l'urbanisation et la concentration des efforts vers l'épargne et non plus vers la terre, s'installe la famille nucléaire. Les célibataires sont désormais rares et mal vus. La natalité est encore en moyenne de quatre ou cinq enfants par couple. En Suède, bien après les Pays-Bas, le mariage s'étatise et le divorce est admis dès 1734. En France, au contraire, les pères décident encore des mariages ; les épouses sont soumises totalement et à vie à l'autorité maritale ; la femme est encore la seule à porter l'anneau. La littérature, en particulier le théâtre, traduit de plus en plus la distinction entre sentiment et union conjugale, entre sexualité et conversation. Quiconque n'a pas lu *La Seconde Surprise de l'amour* ou *Les Fausses Confidences de Marivaux* ne sait pas ce qu'est une conversation amoureuse.

On peut d'ailleurs repérer avec précision une mutation majeure du mariage dans l'évolution même de ce théâtre : dans ses premières pièces, l'obstacle à l'amour est le consentement des pères, comme chez Molière ; alors que dans les dernières, vers 1730, le mariage est empêché par un préjugé, un quiproquo, un malentendu entre des personnages qui ne veulent pas reconnaître qu'ils sont amoureux. Marivaux commente ainsi son propre travail : « Dans mes pièces, c'est tantôt un amour ignoré des deux amants ; tantôt un amour qu'ils sentent et qu'ils veulent se cacher l'un à l'autre ; tantôt un amour timide qui n'ose se déclarer ; tantôt, enfin, un amour incertain et comme indécis, un amour à demi né, pour ainsi dire, dont ils se doutent sans en être bien sûrs et qu'ils épient au-dedans d'eux-mêmes avant de lui laisser prendre l'essor. » Voltaire, qui n'aime pas Marivaux, lui reproche de « peser des œufs de mouche dans des balances de toiles d'araignée[61] ».

Après lui, le corps lui-même devient un objet de conversation galante où toute sexualité reste masquée. Le grand peintre français de ce temps, François Boucher, affirme à propos du corps féminin qu'« on ne doit pas se douter qu'il renferme des os[19] ». Se lève alors une très violente critique du « calvaire des enchaînés du mariage malheureux », par tous les grands écrivains du siècle. Julie de Lespinasse écrit : « Le mariage est le véritable éteignoir de tout ce qui peut être grand et qui peut avoir de l'éclat[5]. » La passion vaut plus en elle-même que l'être passagèrement aimé : « J'ai éprouvé que vous m'étiez moins cher que ma passion[5] », écrit Gabriel Joseph de Lavergne, l'auteur si longtemps masqué des *Lettres à une religieuse portugaise*. Montesquieu note dans les *Lettres persanes* : « À peine trois ans de mariage, on en néglige l'essentiel : on passe ensemble trente ans de froideur[49]. »

Voltaire stigmatise lui aussi ce que d'autres nomment « amour » : « On nomme hardiment amour un caprice de quelques jours, une liaison sans attachement, un sentiment sans estime, des simagrées de sigisbée, une froide habitude, une fantaisie romanesque, un goût suivi d'un prompt dégoût : on donne ce nom à mille chimères[6]. » Pour Beaumarchais, enfin, « l'amour [...] n'est que le roman du cœur : c'est le plaisir qui en est l'histoire ». Malgré cette évolution proprement littéraire, le père et le mari sont encore, en droit, les maîtres absolus. En 1771, le grand juriste Robert-Joseph Pothier, auteur d'un *Traité du contrat de mariage*, écrit que « la femme étant inférieure, il ne lui appartient pas d'avoir inspection sur la conduite de son mari[32] ». Il ajoute que l'adultère de la femme risque de faire passer les biens de la famille aux mains d'enfants étrangers à cette famille, et il refuse la séparation de corps, même en cas de violence conjugale.

Quelques changements s'annoncent néanmoins : sous le règne de Louis XV, l'ensemble de la société, de l'aristocratie à la bourgeoisie, commence à critiquer la polygamie des rois chrétiens. Parmi le peuple, les relations restent encore assez libres : à la fin du XVIIIe siècle, on compte encore 30 % de naissances illégitimes à Paris et 10 % à Grenoble ; ce sont pour l'essentiel les fruits de relations maître/servante, encore si fréquentes que la simple déclaration de la servante suffit à établir la faute du maître. Le mariage civil, réalité dans une partie de l'Europe du Nord, devient une forte demande des juristes et philosophes de l'Europe du Sud, particulièrement en France. À partir du milieu du XVIIIe siècle, dans la réalité aussi bien que chez Marivaux, la liberté de choix des époux ne choque plus, même si on connaît encore des cas où des veufs avec enfants se voient refuser par leur père le mariage avec une femme de condition inférieure [29bis]. Le divorce reste un grand sujet de débats. Le baron de Montyon, juriste, note en 1778 : « Le premier devoir du citoyen est de subir le joug du mariage. » Montesquieu, Voltaire, d'Holbach, Restif de La Bretonne y sont favorables ; Rousseau, Diderot et Helvétius s'y opposent, « à cause des enfants ».

Avec la critique du mariage surgit en Europe, venue de Venise, la figure du libertin : d'abord un incroyant, puis un adversaire de la morale, puis un homme aux mœurs libres, il hait la femme, veut en faire son objet, et, sous prétexte de l'adorer, la rabaisse plus bas qu'aucune autre civilisation auparavant. Souvent athée ou déiste, il revendique le droit au plaisir. Le premier en France, en 1731, est un personnage de roman, le chevalier des Grieux, « homme de qualité qui s'est retiré du monde », dont la vie est racontée par l'abbé Prévost dans Manon Lescaut, livre jugé si scandaleux qu'il est à deux reprises condamné à être brûlé. Montesquieu dira : « Je ne suis pas étonné que ce roman, dont le héros est un fripon et l'héroïne une catin, plaise, parce que toutes les mauvaises actions du héros ont pour motif l'amour, qui est toujours un motif noble, quoique la conduite soit basse[49]. » Un deuxième, le financier Beaujon, mène ouvertement en 1772 une vie libre dans sa maison de la Folie Beaujon, faubourg Saint-Honoré. Il y dîne tous les soirs avec ses multiples compagnes qu'il nomme ses « berceuses ». À neuf heures, il se retire dans sa chambre, ouverte sur les jardins, dans un lit en corbeille ; ses « berceuses » viennent le « cajoler », puis retournent dans la salle à manger pour souper entre elles jusqu'à quatre ou cinq heures du matin, avant de le rejoindre[32]. Un troisième, le marquis René Louis Voyer d'Argenson, écrit une apologie de la polygynie telle que la vivent encore d'innombrables seigneurs et bourgeois de ce temps : « Une vie parfaite avec sa maîtresse serait celle-ci : d'avoir une petite maison dans un faubourg, dans la ville même, un appartement fermé où l'on entre par un trou comme au couvent, d'y rester

Ci-contre :
Le libertin est d'abord
un incroyant, un
adversaire de la morale,
un homme aux mœurs
libres qui prétend adorer
la femme tout en la
rabaissant.

Page de droite :
Donald Sutherland dans
le rôle de Casanova,
objet et automate du
plaisir devenant peu
à peu emblème de la
mort, une marionnette
qui se flétrit
à la recherche
de l'extase suprême.
*Il Casanova di Federico
Fellini,* Federico Fellini,
1976.

tête à tête quelques séances par semaine, selon l'âge, la force et la santé. Chaque séance de six heures, de une heure à sept heures. Les premières trois heures au lit, les secondes trois heures à table et sans tiers. Se rhabiller, quitter sa robe de chambre, et le reste de la semaine (que l'on passe désoccupé à l'amour)

vivre dans son ménage et dans ses affaires : voilà comment organiser le mariage à plusieurs[32]. » Un autre, qui passera l'essentiel de sa vie en prison, le marquis de Sade, explique en 1785, dans *Les Cent Vingt Journées de Sodome*, que la vraie jouissance passe par la cruauté qui, dit-il, suppose elle-même l'apathie et l'insensibilité ; et que, pour être efficace, la volupté doit être criminelle : « C'est pour le mal seul qu'on bande, et non pour l'objet » ; aussi le débauché ne peut-il jouir que dans le crime. On assiste ainsi, par Sade, au passage de la débauche à la perversion.

Une autre célèbre figure, à Venise, devient alors le symbole même du libertinage : le chevalier Giovanni Casanova, immense écrivain de langue française, tour à tour abbé, officier, banquier, diplomate, escroc, magicien, espion, laisse à sa mort en 1798 le récit de ses aventures (entre autres) amoureuses qui l'ont conduit, lui aussi, souvent en prison : « Dans l'examen de la beauté d'une femme, la première chose que j'écarte, ce sont ses jambes. » Mais aussi, parce qu'il est tout entier paradoxe : « Sans la parole, le plaisir de l'amour diminue au moins de deux tiers. »

Un tout dernier enfin, Nicolas Edme Restif de La Bretonne, invente en 1769 le mot « pornographe » (de *pornê*, « prostituée », et *graphein*, « écrire ») dans un livre qui propose de faire gérer toutes les péripatéticiennes par l'État[19]. En 1798, l'année même de la mort de Casanova, il reproche à Sade, dans *L'Anti-Justine ou les délices de l'amour*, d'être un écrivain obsessionnel, trop marqué par le style du Grand Siècle et dresse la liste de ses défauts[19] : « ne nommer pas assez un chat un chat, ne pas s'intéresser aux parlers des gens de peu… »

La Révolution est passée par là.

chapitre 8

L'agonie du mariage

XIXe - XXe SIÈCLES

« Familles, je vous hais !

Foyers clos ; portes refermées ;

Possessions jalouses du bonheur… »

ANDRÉ GIDE, *LES NOURRITURES TERRESTRES*

À l'orée du XIXᵉ siècle, le monde est encore pour une large part polygyne. Partout, cela reste un scandale de se marier hors de sa caste, de sa tribu, de sa classe. Partout, les mariages sont imposés aux femmes et aux enfants. Seuls le monde chrétien et une partie du monde juif sont monogames, en tout cas dans leurs lois, à défaut de l'être dans leur pratique. Dans le christianisme d'Orient, le mariage monogame est célébré à l'église.

Ce que quelques villes protestantes et marchandes avaient mis en place dès le XVIIᵉ siècle devient, au XIXᵉ, une réalité pour presque tout l'Occident : l'État prend le contrôle des relations amoureuses. En 1783, c'est-à-dire dès leur fondation, le mariage civil devient obligatoire aux États-Unis d'Amérique. En Europe continentale, la Révolution française accomplit une partie des promesses des Lumières en débarrassant le mariage des contraintes édictées par l'Église : d'abord, en 1787, les derniers protestants de France obtiennent le droit à un mariage civil, ce dont ne bénéficient pas encore les juifs ; deux ans plus tard, les cahiers de doléances se remplissent de suppliques en faveur du divorce et du mariage civil, et la Révolution française trouve sa source, d'une certaine façon, dans la volonté d'en finir avec les contraintes de la monogamie catholique. Dès les premiers jours de la Constituante, on débat du divorce et on parle d'enlever aux prêtres le monopole de la célébration et de l'enregistrement de l'état civil, donc des mariages. Cas particulier célèbre : en 1790, Talma, grand acteur du Théâtre-Français, veut épouser une courtisane enrichie, Julie Careau, mais le curé de Saint-Sulpice refuse de marier un comédien, profession privée de tout sacrement depuis le concile d'Arles au IVᵉ siècle. Talma mène alors campagne auprès des assemblées, et, avec d'autres, obtient en 1792 que le mariage civil devienne le régime commun obligatoire. Les registres de mariage, point focal du pouvoir du prêtre, tombent entre les mains des autorités civiles. Le mariage reste d'intérêt public : la République a besoin d'enfants, et le célibat est considéré comme un grave manquement au devoir démographique du citoyen ; certains révolutionnaires proposent même de faire porter aux célibataires un costume distinctif, volontairement ridicule. Dans une Déclaration des droits de la femme et de la citoyenne, Olympe de Gouges revendique l'égalité complète de droits entre femmes et hommes, en particulier le droit de vote, le droit de détenir un patrimoine, le droit au divorce. Le divorce pour incompatibilité d'humeur est autorisé pour les hommes et les femmes en 1793 au nom de la « liberté du cœur » ; il est d'obtention rapide : il ne faut qu'une semaine entre

Page de gauche :
Mariage révolutionnaire, F. H. Kaemmerer, XIXᵉ siècle. Guildhall Art Gallery, Londres.

Ci-contre :
Olympe de Gouges, féministe d'avant-garde qui revendiquait, dès 1791, l'égalité entre hommes et femmes. Musée Carnavalet, Paris.

181

le dernier acte de non-conciliation et la lecture du jugement. On assiste à une avalanche de divorces après cette réforme tant attendue, au point que, débordée par le nombre de demandes, la Convention allonge à six mois la période entre la non-conciliation et la séparation effective. Talma – encore lui ! – est l'un des premiers à utiliser cette loi : il divorce d'avec Julie Careau et, au nom de l'égalité des sexes, obtient la moitié de la fortune de son ex-femme !

Avec l'avènement de Bonaparte, bientôt l'ensemble des lois du mariage s'organise dans le nouveau Code civil. Son principal rédacteur, Portalis, donne cette définition du mariage laïque : « Société de l'homme et de la femme qui s'unissent pour perpétuer leur espèce, pour s'aider, par des secours mutuels, à porter le poids de la vie, et pour partager leur commune destinée. » Un des écrivains les plus opposés aux idéaux de la Révolution, Louis de Bonald, écrit en 1801 dans *Du divorce* : « Le pouvoir sera plus doux, lorsqu'il ne sera plus disputé et que la femme n'aura ni la propriété de sa personne, ni la disposition de ses biens. La paix et la vertu s'assiéront aux foyers domestiques lorsque la loi de l'État maintiendra entre le père, la mère et les enfants, les rapports naturels qui constituent la famille, et qu'il n'y aura, dans la société domestique comme dans la société publique, ni confusion de personnes, ni déplacement de pouvoir. » Pour lui, le divorce menace l'autorité de l'État, car il autorise la discorde et la rébellion.

En 1804, le Code civil impose un mariage civil en lieu et place du mariage religieux, lequel devient facultatif. Les témoins du mariage civil doivent être majeurs, deux au minimum, quatre au maximum. Comme le voulait Bonald, le Code civil replace la femme sous l'autorité de son époux ; il bannit le divorce pour incompatibilité d'humeur, qu'avait imaginé la Révolution, mais maintient celui par consentement mutuel, pour adultère commis par la femme, condamnation d'un des conjoints à une peine infamante, excès et sévices graves, ou entretien par le mari d'une concubine au domicile conjugal : dans le Code civil comme pour l'Église, l'homme conserve en fait le droit à l'adultère et à la polygynie aussi longtemps que ses autres compagnes ne vivent pas sous le même toit que l'épouse légitime. Par contre, le Code civil ne tolère évidemment pas la polyandrie, ni même l'adultère féminin : il punit la femme adultère de trois mois à deux ans de maison de correction. Le remariage des divorcés entre eux ou avec le « complice » de leur adultère est interdit ; le remariage avec un tiers est soumis à certains délais. Enfin le Code civil prescrit le partage égal entre les enfants lors de la succession, et fonctionne de la sorte comme une « machine à hacher le sol » dont il accélère le morcellement ; seule peut contrarier ces effets une savante stratégie de mariages entre voisins et entre cousins. Mariages religieux et civil commencent à coexister.

La Restauration annule les conquêtes les plus audacieuses de la Révolution : en 1816, Bonald, dont l'influence sur le nouveau pouvoir est considérable, obtient la suppression totale du divorce, « poison révolutionnaire », et le rétablissement absolu de l'autorité masculine au sein du couple. Mais même si le mariage religieux redevient obligatoire dans l'une des trois confessions autorisées, la Restauration maintient le mariage civil.

Au milieu du XIXe siècle, le double mariage devient progressivement une pratique générale dans l'Europe catholique et le reste de l'Occident. Comme depuis longtemps dans l'Église orthodoxe, le mariage religieux commence à avoir lieu de façon systématique à l'église et non plus à domicile : puisqu'on doit « passer » devant le maire, on va aussi « passer » devant le curé. Ailleurs, sur les terres d'islam ou d'autres religions, le mariage reste une réalité polygame et demeure une cérémonie privée. En Occident, les femmes du peuple peuvent se marier par amour, les femmes bourgeoises, nobles ou de sang royal, restent une monnaie d'échange : pour accroître le patrimoine familial, chacun cherche à tisser des alliances, à acheter des places pour ses enfants au sein de familles haut placées. Vers 1840, le mariage affiche un but clairement social : lutter contre les désastreuses conséquences de la division des

En 1804, le mariage religieux devient facultatif et le mariage civil obligatoire. Le Code civil replace la femme sous l'autorité de son mari.
Signature des registres, E. Leighton, école anglaise du XIXe siècle. Bristol City Museum and Art Gallery, Londres.

En haut :
mariage ouvrier,
photo Lewis Carroll,
fin XIXᵉ siècle.

En bas :
Au XIXᵉ siècle,
le mariage bourgeois
n'était pas seulement
l'alliance de deux
personnes, mais aussi
l'alliance de deux
clans,
dont le but était de
renforcer les statuts et
intérêts respectifs. Peu
à peu, les classes
populaires s'approprient
ces rituels de la
noblesse : trousseau,
bans, habits,
cortège, banquet et
cérémonie religieuse.

Je vous embrasse

Charles

héritages, constituer ou reconstituer des fortunes, mêler richesses de la terre et richesses du capital, fortunes héritées et fortunes acquises. Le nom du bourgeois enrichi compte moins que celui qu'il peut acquérir en entrant dans la noblesse qui, elle, en cédant son nom à de riches capitalistes, « fume ses terres », selon la terrible expression de l'époque[3]. Ainsi quatre des filles de Henri Schneider, petits-fils du fondateur de la dynastie du même nom, épousent des nobles, et l'un de ses petits-fils convolera avec une princesse d'Orléans.

Pour éviter les « mésalliances », dans les milieux bien cloisonnés, des rencontres sont organisées entre les jeunes gens, sans que, pour autant, les jeunes filles apprennent quoi que ce soit de la sexualité (du moins ne le reconnaissent-elles pas publiquement), car avouer connaître les choses du sexe reviendrait à perdre sa réputation. Dans la bourgeoisie urbaine, les jeunes gens « font leurs débuts » sur la scène sociale par des thés, des réunions mondaines, des dîners, des réceptions, des bals. Ceux des classes moyenne et ouvrière se rencontrent sur leurs lieux de travail, lors de promenades, dans les cafés-concerts ou les guinguettes qui se multiplient. Hommes et femmes se parlent de plus en plus souvent et ouvertement. La femme a davantage son mot à dire dans le choix de son conjoint, même si les mariages arrangés restent la règle. L'une après l'autre, la grande bourgeoisie, la classe moyenne et la classe ouvrière s'approprient, en les adaptant à leurs propres exigences, les rituels de mariage de la noblesse : bans, contrat de mariage, trousseau, faire-part dans les journaux, habits, cortège, banquet, cérémonie religieuse ; à partir du milieu du XIXe siècle, le marié porte lui aussi l'anneau, au quatrième doigt. Les contes de fées apprennent aux petites filles les chemins pouvant les conduire au prince charmant.

En Grande-Bretagne, devenue la superpuissance de l'heure après les Pays-Bas, apparaît la tradition d'offrir à la mariée quatre cadeaux : un vieux, un neuf, un bleu, un emprunté (c'est-à-dire à rendre). Le vieux, c'est le lien avec la famille ; le neuf désigne le gage de succès ; le bleu symbolise la fidélité et la pureté ; l'emprunté caractérise la chance. Dans ce pays qui domine alors le monde, le mariage désigne maintenant ouvertement une relation entre deux personnes, et la sexualité n'en est plus absente : au début du XIXe siècle, avec le tourisme, commence en Grande-Bretagne la tradition du voyage des époux au lendemain de leurs noces, qu'ailleurs en Europe on nomme d'abord, par pudeur, « voyager à l'anglaise », et qui prend vers

La sexualité devient un sujet dont on parle. Et si le dialogue n'est pas encore ouvert entre mères et filles, de petits traités « bien-pensants » informent les jeunes mariées de ce qui les attend.
Hygiène conjugale, Guide des gens mariés, par le docteur Clément.

185

1840 le nom de « voyage de noces » ; d'innombrables manuels de savoir-vivre mettent en garde les jeunes filles contre ce moment de leur initiation sexuelle, car, claironnent les médecins après les prêtres, le plaisir féminin est dangereux pour la santé…

Les femmes sont encore considérées juridiquement comme des « incapables », c'est-à-dire dans l'impossibilité de contracter un emprunt et même de gérer leur fortune. En 1845, en France, un premier pas est franchi avec la « loi sur la plus grande majorité pour les femmes célibataires », qui accorde certains droits patrimoniaux aux femmes non mariées de plus de 25 ans. Droits qu'elles perdront si elles viennent à convoler.

Au milieu du siècle, même si le mariage religieux accompagne encore le mariage civil, le bourgeois consacre l'essentiel de son attention et de son épargne à la constitution de la dot de ses filles et aux études de ses fils. Le mariage devient même la principale opération financière de la bourgeoisie[3]. Même si les jeunes gens ont un peu leur mot à dire, les pesanteurs sociales demeurent d'une force extrême et contraignent encore au silence nombre de coups de foudre, de passions esquissées, de désirs inassouvis. L'Église continue d'avoir elle aussi son mot à dire, en tant que conseillère occulte des mères de famille. En 1853, le juriste Jacques Droz écrit : « Le mariage est en général un moyen d'accroître son crédit, sa fortune, et d'assurer ses succès dans le monde[3]. » Alors que le rôle du prêtre tend à s'estomper, le notaire est plus que jamais le maître des fortunes. Vers 1860, un notaire de Besançon résume fort bien son rôle et celui de ses confrères, qui « assistent à l'origine et à la fin de toutes choses, comme le prêtre dans l'ordre religieux […], inter-médiaires presque obligés pour le mouvement des propriétés et des capi-taux[3]. » Le mariage reste le moyen principal de reconstituer des fortunes et de compenser ce que la loi sur l'héritage oblige à accorder aux cadets. À l'ar-ticle « Propriété » d'une encyclopédie de la fin du XIXe siècle, on trouve juste-ment cette remarque : « Le mariage reconstruit l'héritage divisé », car « l'in-fluence de la loi de succession suffit à peine à contrebalancer la force de concentration inhérente au capital et à la propriété[3] ».

Pourtant, malgré la monogamie laïque, surgissent à chaque instant, en tous lieux, des rébellions, des refus de marginaux, des amours fous. Explose dans l'art, la peinture, la musique et la littérature une apologie de l'amour libre que les conservateurs dénoncent comme une apologie de la « débauche ». Avec sa *Maja nue*, Goya revendique le droit de peindre la nudité de la femme sans pré-texte religieux ni mythologique. Verdi permet à l'opéra de devenir un lieu majeur de l'expression du sentiment amoureux. Avec *Les Caprices de Marianne*, *On ne badine pas avec l'amour*, *Le Chandelier*, *Lorenzaccio*, Musset

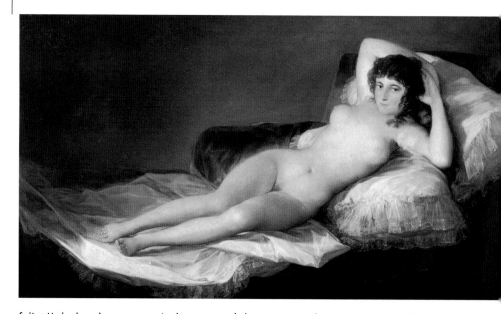

fait atteindre des sommets inconnus à la conversation amoureuse dans une pudeur qui masque à peine la sensualité des partenaires. C'est d'Allemagne qu'est venu ce « romantisme » dont Mme de Staël a donné la filiation : « Le nom de "romantique" a été introduit nouvellement en Allemagne pour désigner la poésie dont les chants des troubadours ont été l'origine, celle qui est née de la chevalerie et du christianisme. » Les mœurs n'ont pas changé pour autant. Si la plupart des grands écrivains du siècle, de Hugo à Zola, sont des polygames affichés, s'ils ne parlent dans leurs romans, pour l'essentiel, que de la façon dont la bourgeoisie construit sa fortune en piétinant les sentiments, et ne parlent vraiment bien d'amour que dans leur propre correspondance, nombre d'autres[32], inspirés par Voltaire, restent célibataires : Apollinaire, marié au siècle suivant quelques mois avant sa mort ; Tchaïkovski, que « quelques jours de mariage supplémentaires auraient rendu fou » ; Gustave Flaubert, qui écrit à la rubrique « Célibataires » de son *Dictionnaire des idées reçues* : « Tous égoïstes et débauchés. – On devrait les imposer. – Se préparent une triste vieillesse ». Flaubert et Stendhal savent mieux parler d'amour que nul autre en ce siècle. L'amour féminin, montrent-ils, est plus courageux que la passion au masculin ; il est capable de renverser les murailles des conventions, de tout abandonner. Flaubert décrit en particulier, avec *Madame Bovary*, les conséquences de la désaffection masculine sur les femmes : « Il n'avait plus, comme autrefois, de ces mots si doux qui la faisaient pleurer, ni de ces véhémentes caresses qui la rendaient folle ; si bien que leur grand amour, où elle vivait plongée, parut se diminuer sous elle

Avec sa *Maja nue*, pour avoir revendiqué le droit à peindre le corps de la femme, Francisco Goya sera inquiété par l'Inquisition. 1800, musée du Prado, Madrid.

comme l'eau d'un fleuve qui s'absorberait dans son lit, et elle aperçut la vase. » Stendhal établit, dans *De l'amour*[59], une théorie de la « cristallisation » de l'amour, comme « l'opération de l'esprit qui tire de tout ce qui se présente la découverte que l'objet aimé a de nouvelles perfections », et distingue quatre formes d'amour différentes : « 1) l'amour-passion, 2) l'amour-goût, 3) l'amour physique, 4) l'amour de vanité ». Dans la droite ligne de l'amour courtois, des Précieuses et de Marivaux, il ajoute : « L'amour parfait ne peut qu'inspirer l'horreur de la sexualité[59]. »

Dans la seconde partie du siècle, cette réflexion sur l'amour s'accompagne d'une apologie de la sexualité et de l'érotisme, comme toujours du point de vue masculin. En 1865, la nudité d'*Olympia* scandalise les spectateurs qu'elle dévisage. L'année suivante, *L'Origine du monde* de Courbet, puis l'entrecuisse de l'*Iris* de Rodin annoncent la libération absolue du corps féminin et de la sexualité masculine[19]. On est cependant encore loin de voir un nu masculin peint par une femme.

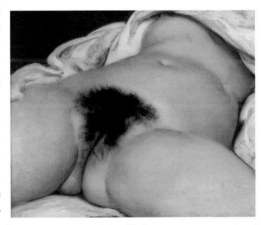

Tout au long du siècle, les progrès de l'hygiène et de la médecine réduisent la mortalité infantile et augmentent un peu l'espérance de vie. Pour la première fois, un couple peut envisager de vivre en moyenne plus de quinze ans ensemble. Et beaucoup osent se demander de plus en plus ouvertement : comment peut-on vivre si longtemps avec la même personne ? Hegel répond : « On ne tarde pas à être la proie du cafard et de tout le reste. » Plus virulent encore, Charles Fourier s'indigne contre la monogamie, prône l'égalité absolue des sexes, la bisexualité, la polygamie, le droit de tous à l'orgasme et le service amoureux à la vieillesse : « Toute passion engorgée produit sa contrepartie, qui est aussi malfaisante que la passion naturelle aurait été bienfaisante. »

En France, où le divorce a disparu en 1816, la protestation littéraire se fait particulièrement hardie. Jacques, héros d'un roman de George Sand, dénonce les mœurs dominantes en parlant à sa fiancée[32] : « La société va vous dicter une formule de serment : vous allez jurer de m'être fidèle et de m'être soumise, c'est-à-dire de n'aimer jamais que moi et de m'obéir en tout. L'un de ces serments est une absurdité, l'autre une bassesse. Vous ne pouvez pas répondre de votre cœur, même quand je serais le plus grand et le

L'Origine du monde de Gustave Courbet, qui fit scandale lors de sa présentation au Salon en 1866, Musée d'Orsay, Paris.

plus parfait des hommes ; vous ne devez pas promettre de m'obéir, parce que ce serait nous avilir l'un et l'autre. Ah, tenez, ne parlons pas de notre mariage : parlons comme si nous étions destinés seulement à être amants. – Pourquoi alors se marier ? – Parce que la tyrannie sociale ne nous permet pas de nous posséder autrement .» Lui aussi favorable au divorce, Taine renchérit : « On s'étudie trois semaines ; on s'aime trois mois ; on se dispute trois ans ; on se tolère trente ans, et les enfants recommencent. » Pour Schopenhauer, l'amour n'est que le masque d'une pulsion sexuelle passagère, « l'appétit des appétits » : « Toute inclination amoureuse [...] n'est [...] qu'un instinct sexuel plus nettement déterminé [...], plus individualisé [...], et l'instinct sexuel traduit la tendance concrète du Vouloir à se perpétuer dans l'existence. » L'instinct sexuel « est le désir qui constitue l'être même de l'homme ». Et l'amour se révèle donc nécessairement décevant : « L'amour, c'est l'ennemi. Faites-en, si cela vous convient, un luxe et un passe-temps, traitez-le en artiste [...]. Céder à l'amour, c'est développer le malheur, vouer une infinité d'autres êtres à la misère. » Chantre du socialisme dont la théorie s'esquisse alors, Friedrich Engels dénonce le mariage monogame comme l'organisation de « l'exploitation de la femme dans le mode de production domestique (...) avec le but exprès de procréer des enfants d'une paternité incontestée, (...) parce que ces enfants entreront un jour en possession de la fortune paternelle en qualité d'héritiers directs »[29]. Pour l'essentiel, cette liberté n'est recherchée que par des hommes et pour des hommes ; et l'adultère féminin reste particulièrement condamné. L'historien Michelet écrit ainsi [33] : « La trahison de la femme a des conséquences énormes que n'a point celle de l'homme. La femme ne trahit pas seulement : elle livre l'honneur et la vie du mari, elle le fait chansonner, montrer du doigt, siffler, charivariser ; elle le met au hasard de périr, de tuer un homme ou de rester ridicule, c'est presque la même chose que si elle donnait le soir la clef à un assassin. » Sous tous ces coups de boutoir, à la fin du XIXe siècle, l'Europe catholique s'affranchit peu à peu des diktats de l'Église et le divorce y est peu à peu rétabli. En France, la Commune de Paris renoue avec le mariage révolutionnaire, mais il faut attendre la loi Naquet de 1884 pour que soit abolie la loi Bonald de 1816.

Partout dans le monde, là où on imite l'Occident, la vie des couples devient un peu plus libre. Les classes sociales s'interpénètrent davantage. Les mariages deviennent des instruments de la mobilité sociale des femmes. Dans les caf' conc' se croisent aristocrates, rentiers, provinciaux, danseuses, comédiennes, cocottes et demi-mondaines. L'adultère tourne au sujet de plaisanterie, dont Offenbach, Feydeau, Labiche, Wilde, Courteline,

Picasso choisit l'un de
ses proches amis pour
représenter une fellation.
Isidre Nonell avec
une femme,
1902-1903, dessin.
Musée Picasso,
Barcelone.

En haut :
Oscar Wilde (à droite)
est jeté en prison en
1894 pour avoir affiché
son homosexualité.

En bas :
Avec Colette (à gauche)
et Mathilde de Morny,
l'homosexualité féminine
prend sa place dans la
société. *Rêve d'Égypte*,
Moulin Rouge, 1907.

Tristan Bernard, Guitry sauront tirer tantôt des chefs-d'œuvre, tantôt du théâtre dit de « boulevard ». On rit beaucoup de l'amant caché dans le placard.

L'égalité progresse entre l'homme et la femme. Celle-ci peut plus facilement refuser un mariage imposé. Elle choisit, donc elle aime. Commence ainsi l'apologie de la femme telle qu'elle est, celle qui « sent sous les bras[19] », comme dit alors, en réponse à François Bouchet, Pablo Picasso qui, avec son dessin représentant une femme de petite vertu pratiquant une fellation, en 1903, et, beaucoup plus tard, *Le Rêve*, ouvre à toutes les privautés de l'homme par rapport à sa sexualité et à ses fantasmes[19].

Le mariage monogame continue d'être l'objet d'attaques très violentes de la part d'hommes plus que de femmes : en 1902, l'écrivain Daniel Riche montre, dans *L'Oiseau rare*, que le serment de fidélité du mari est contraire à la nature masculine, essentiellement polygame[32]. Pierre Grasset dénonce, dans son *Don Juan bourgeois*, la « dysharmonie dans le ménage actuel, la femme étant naturellement fidèle et le mari naturellement inconstant[32] ». En 1905, André Gide, bientôt ouvertement pédéraste, écrit dans *Les Nourritures terrestres* : « Familles, je vous hais ! Foyers clos ; portes refermées ; possessions jalouses du bonheur ! » Au même moment, en 1906, en Afrique du Sud, un jeune avocat indien annonce à son épouse, Kasturbai, qu'il choisit désormais la chasteté parce que la sexualité détourne de l'action : c'est Mohandas Gandhi. En 1907, un jeune auditeur au Conseil d'État, Léon Blum, écrit dans un essai intitulé *Du mariage* : « L'homme et la femme sont d'abord polygames, puis, dans l'immense majorité des cas, parvenus à un certain degré de leur développement et de leur âge, on les voit tendre et s'achever vers la monogamie. Les unions précaires et changeantes correspondent au premier état ; le mariage est la forme naturelle du second[12]. » Il prophétise : « On choisira librement les formes de la maternité, on en choisira le moment. On choisira l'homme avec qui l'on préfère avoir des enfants, et qui, quelquefois, ne sera ni l'amant qu'on aura le plus aimé, ni le mari avec qui l'on veut finir sa vie[12]. » Il faudra plus de soixante ans pour que de telles perspectives deviennent réalité. Commence aussi avec Sigmund Freud, fils aîné du troisième mariage de son père, une réflexion sur l'influence de la sexualité sur les maladies mentales. En 1910, il écrit de façon alors révolutionnaire : « La domestication de la vie amoureuse par la civilisation entraîne un rabaissement général des objets sexuels : voilà qui peut nous inciter à reporter nos regards des objets aux pulsions elles-mêmes. Le tort causé par la frustration initiale de la jouissance sexuelle se manifeste dans le fait que celle-ci, rendue plus tard libre dans le mariage, n'a plus d'effet pleinement satisfaisant. Mais la liberté sexuelle illimitée accordée dès le début ne conduit pas à un meilleur résultat. Il est

*Le Bonheur de vivre
(The Joy of Life)*,
1905-1906, Henri Matisse,
The Barnes Foundation,
Merion. Succession
H. Matisse, Paris.

CROZON. — Une noce Bretonne.

En haut :
Au XIXᵉ siècle,
des écrivains
dénoncent la famille,
la monogamie,
la fidélité, la maternité.
Ici un couple et ses
dix-neuf enfants,
âgés de 2 à 32 ans.
New York Times,
1ᵉʳ novembre 1925.

En bas :
Mariage double breton.
Le couple à gauche est
composé du frère
et de la sœur du couple
à droite. Crozon, 1907.

Baiser en Brouette

facile d'établir que la valeur psychique du besoin amoureux baisse dès que la satisfaction lui est rendue facile[30]. » En 1914, il ajoute : « Aimer l'autre, c'est trouver dans l'autre la satisfaction narcissique des qualités que l'on n'a pas. Tout amour est donc nécessaire regret de ne pas être l'autre. » Et puis, comme en étrange écho à la pensée de saint Paul : « Celui qui promettra à l'humanité de la délivrer de l'embarrassante sujétion sexuelle, quelque sottise qu'il choisisse de dire, sera considéré comme un héros[30]. » La sexualité et l'amour entrent ainsi dans le champ des pathologies.

Cependant qu'un jeune homme de bonne famille, Marcel Proust, dernier écrivain à savoir parler de la galanterie, travaille au plus grand livre jamais écrit en langue française sur les désordres amoureux, le rejet de l'homosexualité masculine, qui envoie Oscar Wilde et Verlaine en prison, n'empêche pas les amoureux de s'afficher. L'homosexualité féminine, plus discrète et mieux tolérée, trouve aussi sa place dans la société avec Colette et Mathilde de Morny. Alors que l'Église catholique, par les encycliques *Humanum genus* (1884) de Léon XIII et *Casti connubii* (1930) de Pie XI, condamne toujours le mariage civil et le divorce, les mœurs continuent de se libéraliser : en France, la loi du 15 décembre 1904 supprime « l'interdiction portée contre l'époux adultère d'épouser son complice après le divorce ». En 1907, un veuf est autorisé à épouser sa belle-sœur. En 1914, un divorcé peut aussi épouser sa belle-sœur. En 1915, il devient possible, dit la loi, de légitimer par mariage des « enfants nés du commerce adultérin du mari, s'il n'existe pas, au moment du mariage subséquent, d'enfants ou de descendants légitimes issus du mariage au cours duquel l'enfant adultérin est né ou a été conçu ».

Au lendemain de la guerre, les jeunes femmes réalisent que la sincérité des sentiments est une urgence. Elles conquièrent alors le pouvoir d'aimer.

197

La Première Guerre mondiale finit de renverser la suprématie masculine. Le bordel, où viennent se distraire les hommes revenant du front en permission, devient le lieu de toutes les licences, de toutes les postures. Il est désormais possible de tout dire, de tout écrire, de tout risquer. Les femmes, qui ont pris les commandes pendant que les hommes se faisaient massacrer par millions dans les tranchées, refusent de les rendre, comme elles avaient dû le faire jadis après les croisades. De fait, au lendemain du conflit, les femmes sont plus nombreuses que les hommes : en 1922, on compte en Europe 18 millions de femmes de plus que d'hommes. Aussi, quand un sénateur français réclame même l'abrogation de l'article 340 du Code civil interdisant la polygynie (qui reste légale dans les colonies françaises), il est très mal reçu[32]. Les femmes ne sont plus pénalisées par leur nombre, mais, au contraire, y puisent une force nouvelle. Elles conquièrent des droits nouveaux : de voter, d'aimer, de vivre. Les Années folles parachèvent leur libération. 1922 voit l'énorme succès de *La Garçonne*, de Victor Margueritte, qui fait l'apologie de la liberté de la femme, jusqu'à la polyandrie[32] : « Le mariage, tel que nous le voyons pratiqué par notre société bourgeoise, est un état contre nature. Je prétendrais, avec Léon Blum, que l'humanité est en fait polygame. »

Chacun a de plus en plus de partenaires amoureux. Le bal populaire, le pique-nique, l'agence matrimoniale et désormais le lieu de travail permettent aux jeunes femmes de la classe ouvrière et de la classe moyenne d'inventer des occasions de rencontre sous le contrôle moins sourcilleux des parents. En Occident, la vie de famille devient de plus en plus urbaine. De plus en plus nombreux sont les foyers à posséder baignoire, poste de radio, gramophone. Hommes et femmes usent de plus en plus du droit au divorce – quinze fois plus nombreux en 1922 qu'en 1885. La littérature explore à l'infini les chemins de la passion hétérosexuelle avec Tolstoï et Zweig, après Jane Auten et les sœurs Brontë ; et ceux des amours homosexuelles avec Wilde, Proust et Gide. La génétique vient confirmer que l'homme doit parler à la femme d'égal à égal : en 1923, les biologistes découvrent que le sexe s'hérite par le jeu de deux chromosomes, un double X pour les filles, un X et un Y pour les garçons. Pendant ce temps, l'État continue de prospérer, et, avec lui, la famille comme instrument de l'essor démographique. Dans une grande partie du monde, de l'Espagne à la Russie, du Japon à l'Allemagne, des dictatures glorifient la famille comme l'un des outils essentiels de la société nouvelle à la disposition du pouvoir dominant. Des démocraties leur emboîtent le pas. En 1938, en France, et après beaucoup d'autres pays, la femme mariée peut conquérir son autonomie financière ; elle n'est plus systématiquement soumise à l'autorité de son époux, cesse d'être un objet de propriété et devient travailleuse, citoyenne, consommatrice.

En permission ou de retour du front, les hommes ont une nécessité d'amour, de tendresse, d'attentions, qu'ils ne trouvent, ou ne cherchent, parfois, que dans les

Photo R. Houters
VILLAGE LIBRE DE CHARONNE

1871

EN ALSACE !
Par Georges SCOTT
Le vrai Plébiscite

1871

Les grands conflits
ont toujours été des
périodes d'intenses
échanges épistolaires.
On s'aime, on se
manque et on se l'écrit.

d'affection que d'argent.

1914

1918

Écrite lisiblement et sur les lignes

Kriegsgefangenenlager Heuberg, Bez. Konstanz (Baden)

1918

Feldpostkarte
Kriegsgefangenensendung.
Adresse:

Nom:
Rue:
Lieu:
Dép.:
Arr.:

France.

Avec la Seconde Guerre mondiale, les femmes sont de nouveau mises à contribution, comme dans tous les conflits. Elles gèrent les rares ressources disponibles et résistent à l'occupant, mieux que beaucoup d'hommes. Et si, une fois de plus, à l'issue du conflit, la politique de natalité tente de les renvoyer à leurs foyers, ce sera provisoire. Dans les derniers pays où elles ne l'ont pas encore – dont la France –, les femmes obtiennent le droit de vote, c'est-à-dire le droit de participer aussi à l'élaboration et au vote des lois sur le mariage, la famille et l'amour, jusqu'ici entièrement rédigées et décidées par des hommes.

La sociologie de l'amour et de la sexualité devient partout un sujet d'études. En 1948, la première de ces études, révolutionnaire, celle du docteur Kinsey, révèle les pratiques sexuelles des Américains : 95 % d'entre eux pourraient être accusés de l'une ou l'autre agressions sexuelles reconnues par les lois de 1940, et 37 % des adultes mâles ont eu au moins une expérience homosexuelle. La libération des mœurs revêt alors une ampleur mondiale grâce notamment au cinéma, qui commence par ailleurs à véhiculer sur le reste de la planète l'idéal de l'amour monogame.

La liberté des amours s'accélère dans les années 1950 du fait de deux révolutions majeures passées largement inaperçues : le tourne-disque portatif permet, pour la première fois dans l'histoire, aux jeunes de se rencontrer et de danser hors de la présence des parents, et la mixité des études parachève l'évolution vers la libération des mœurs et le droit à l'amour hors mariage.

Un peu plus tard, grande révolution : la pilule contraceptive, inventée au début des années 1950 dans un laboratoire au Mexique, commercialisée aux États-Unis à partir de 1960, interfère dans le cycle menstruel naturel de la femme : les hormones synthétiques apportées par sa prise empêchent l'ovu-

Mariage collectif de militants du parti nazi. Allemagne, 1933-1939.

Dès les années 30, et surtout à partir de 1960, le bal populaire, le pique-nique et les surprise-parties sont l'occasion de se rencontrer tout en s'émancipant du regard des parents.

Il faut attendre 1965
pour que le concile
Vatican II reconnaisse
que le mariage a pour
fin l'amour et le bonheur
des époux, pas
seulement la
procréation. Le rituel
catholique modifie alors
l'expression des
consentements. Comme
l'imaginait Shakespeare,
et comme dans le
christianisme des
premiers siècles, les
fiancés ne répondent
plus seulement aux
questions du prêtre,
ils se parlent.

Dans les années 70,
les jeunesses du monde
entier s'émancipent.
Elles veulent vivre
l'amour librement
et ne plus obéir
aux ordres des Églises,
de l'armée ou de l'État.

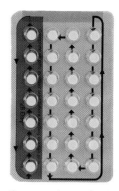

lation. Il devient ainsi possible d'aimer et de faire l'amour sans prendre le risque d'enfanter. L'Église catholique y est immédiatement hostile, mais, pour défendre son territoire, elle est obligée de reconnaître que l'amour humain n'est pas une dimension honteuse de la famille chrétienne.

En 1965, le concile Vatican II reconnaît pour la première fois que le mariage n'a pas seulement pour fin la procréation, mais aussi l'amour et le bonheur des époux : « La famille chrétienne, parce qu'elle est issue d'un mariage, image et participation de l'alliance d'amour qui unit le Christ et l'Église, manifestera à tous les hommes la présence vivante du Sauveur dans le monde et la véritable nature de l'Église, tant par l'amour des époux, leur fécondité généreuse, l'unité et la fidélité de leur foyer, que par la coopération amicale de tous ses membres. » Le rituel catholique modifie d'ailleurs l'expression des consentements, qui ne se fait plus par des réponses aux questions d'un prêtre, mais, comme l'imaginait déjà Shakespeare, et comme dans le christianisme des premiers siècles, par un dialogue entre les fiancés.

En 1966, les modes de séduction, les contacts, les parades et l'aspect physiologique du coït sont mis au jour par les docteurs Masters et Johnson dans *Human Sexual Response*. Si les comportements amoureux varient fort peu selon les diverses sociétés humaines, seul le baiser avec pénétration de la langue, qui semble naturel en Occident, en Chine, dans le monde arabe et en Inde, est inconnu dans l'Afrique subsaharienne jusqu'à l'arrivée des Européens. Ils notent cependant que moins le statut social est élevé, moins les couples mariés trouvent intérêt et plaisir à leurs rapports sexuels conjugaux.

En 1968, les jeunesses du monde réclament, par leur musique et leurs révoltes, le droit à aimer et « jouir sans entraves », cependant que le pape Paul VI condamne violemment la contraception comme « un désordre indigne de la personne humaine ». En vain : la légalisation progressive de la contraception et de l'avortement sur toute la planète ralentit la croissance de la population mondiale (passée néanmoins d'un milliard d'habitants en 1800 à 2 milliards en 1930, puis à 4 milliards en 1974).

Partout dans le monde, exception faite de certaines terres d'islam, les lois continuent de libérer les femmes de la tutelle des hommes. En France, il faut attendre 1970 pour que soit reconnue la pleine et entière égalité des conjoints par une loi qui dispose que « les époux assurent ensemble la

L'invention de la pilule contraceptive marque le début de la libération sexuelle et donne aux femmes un pouvoir considérable : la liberté d'enfanter.
Elles contrôlent alors leur corps et, de fait, une partie de leur vie.

direction morale et matérielle de la famille ». Et il faut encore attendre 1975 pour que l'adultère et l'IVG ne soient plus considérés comme des délits.

La libération sexuelle s'accompagne d'une plus grande liberté pour parler de l'amour, et d'une désaffection certaine à l'égard du mariage. À la « famille » se substitue le « projet parental ». Et le divorce devient de plus en plus fréquent.

De moins en moins entendue, l'Église n'en continue pas moins à défendre sa conception de la monogamie, ressentie dans les pays du Sud comme une notion occidentale imposée par le colonisateur. En 1980, dans un discours prononcé en Afrique, le pape Jean-Paul II soutient que la monogamie n'est pas une invention européenne, mais moyen-orientale, parce que juive : « Cette monogamie, qui n'est pas d'origine occidentale, mais sémitique, apparaît comme l'expression de la relation interpersonnelle, celle où chacun des partenaires est reconnu par l'autre dans une égale valeur et dans la totalité de sa personne. » Il explique par ailleurs que chacun doit conserver des « moments de solitude avec Dieu, de "cœur à cœur", où le conjoint n'est pas la première préoccupation ».

Au milieu des années 1980, le sida donne un tragique coup de frein à cette libération des mœurs. Mais elle n'en est que ralentie, sans que soit réorienté son cours. L'amour prend alors un visage plus grave, puisqu'il peut donner la mort. Partout dans le monde, la prise de conscience de cette sombre menace conduit à se protéger, sauf en Afrique dans les zones d'influence catholique où l'Église ne propose rien d'autre que la fidélité dans le mariage chrétien. En France, comme dans certains autres pays, la domination de l'homme sur la femme tarde encore à s'effacer : il faut attendre 1990 pour que l'obligation pour la femme de se soumettre au « devoir conjugal » soit abolie, et 1992 pour que soit reconnu le délit de viol entre conjoints. À l'échelle mondiale, l'égalité des sexes est peu à peu reconnue – au moins dans les textes –, moyennant une évolution qui conduit à remplacer, comme le fait la conférence des Nations unies sur la femme (Pékin, septembre 1995), le mot « sexe », dans les textes officiels internationaux, par le mot « genre », ce qui bouleverse, en particulier aux États-Unis, les programmes universitaires et les carrières d'enseignants. Aujourd'hui, dans l'essentiel des mondes musulman, hindouiste et animiste, le mariage reste polygyne et dominé par la volonté masculine ; il renvoie à des traditions et à des

Au cours des années 90, les structures de la parenté, et avec elles la notion de famille, évoluent : multiparentalité, homoparentalité, monoparentalité, des familles distinctes existent, des enfants y naissent et y grandissent. Leurs parents sont-ils ceux des origines, ceux qui élèvent ou les deux ?

coutumes sans être pour autant religieux. Partout, les mariages arrangés restent la règle. Le tiers des mariages concernent des enfants, souvent encore très jeunes, et restent parfois combinés avant leur naissance. Dans certains pays, le port du voile se généralise sous prétexte de protéger les jeunes filles et les femmes des prétendues « turpitudes » de l'Occident. Il arrive encore que des jeunes filles soient excisées et vendues lors du règlement de contentieux entre familles, comme c'était encore légal au Pakistan jusqu'en 2007. Partout les femmes restent confinées à la campagne dans des situations de polygynie ou de célibat, cependant que les hommes partent s'entasser dans les bidonvilles où, aux abords des lieux d'embauche, domine la prostitution. Mais, partout aussi, les classes moyennes imitent le modèle occidental du mariage, jusque dans le détail du rituel nuptial hérité de la chrétienté. En Occident, tout au contraire, une bonne proportion des couples ne se marie plus, la majorité des mariages ne sont plus religieux et les couples se défont de plus en plus tôt : un mariage sur trois finit par un divorce ; un mariage sur quatre est un remariage. Ces séparations concernent, pour les trois quarts, des couples non mariés ayant des enfants, surtout dans les milieux les moins défavorisés. La multiparentalité devient la règle : aux États-Unis, il y a plus de parents seuls que de parents qui élèvent conjointement leur progéniture, et les enfants apprennent à considérer leurs beaux-parents comme des parents. Les relations amoureuses et sexuelles sont de plus en plus nombreuses, même si les adultères restent discrets : de plus en plus d'enfants naissent sans même connaître leur géniteur. Toujours aux États-Unis, plus de 5 % des hommes ont simultanément, et sans nécessairement le savoir, des enfants dans deux foyers. En Grande-Bretagne, 40 % des enfants naissent hors mariage, un enfant sur dix est élevé par un homme qui croit à tort en être le père, 22 % des hommes et 15 % des femmes mariées reconnaissent avoir une liaison hors mariage.

Partout, les relations amoureuses des personnalités du monde du spectacle restent un sujet d'intérêt majeur des peuples, comme au temps où la polygynie était un signe de puissance, avec, pour les footballeurs comme pour les rois, des sentiments mêlés d'admiration et d'envie. Si les magazines sont remplis des scandales liés à des relations « illégitimes », dans certains pays, comme les États-Unis, l'hypocrisie est telle qu'un homme politique ou un chef d'entreprise peut perdre son emploi s'il est pris en flagrant délit d'adultère.

La conception du beau, de ce qui est « aimable », se modifie. Alors que l'art reflétait naguère la conception du beau émanant de la société, aujourd'hui, à l'inverse, ce sont le cinéma, la mode et la publicité qui imposent les canons de la beauté et disent à quoi il faut ressembler pour être aimable.

En haut :
Le chanteur Michael
Stipe trouve «ridicule
que l'on puisse s'affirmer
totalement gay
ou totalement
hétérosexuel.»

Au centre :
Elton John et son époux,
David Furnish, 2005.

En bas :
Mariage de Rosie
et Kelly à San Francisco,
en 2004.

À partir de l'an 2000, une nouvelle technique de communication, Internet, renouvelle le langage amoureux en redonnant du sens à l'écrit, au marivaudage, à l'échange audacieux. Il est l'occasion de rencontres virtuelles, d'échanges de fantasmes, mais aussi de rencontres réelles, d'histoires  d'amour vécues. Chez les garçons comme chez les filles, il révèle un appétit sexuel de plus en plus ouvertement détaché de toute connotation amoureuse. C'est, en particulier, le cas sur des sites spécialisés dans les rencontres entre non-célibataires (comme, en Grande-Bretagne, ashleymadison. com) : 30 % de ceux qui utilisent ces sites de rencontres ont déjà un partenaire dans leur vie.

Les raisons de faire l'amour se transforment. Selon une étude américaine du 2 août 2007, il existerait deux cent trente-sept raisons de faire l'amour, avec au premier rang l'attrait physique, le besoin d'amour venant au quatrième rang pour les femmes et au cinquième pour les hommes ; le désir de procréer n'apparaissant qu'en cinquante-cinquième position ! Viennent ensuite l'ennui, le moyen d'obtenir une promotion, celui de faire disparaître une migraine ou de se sentir plus près de Dieu…

Dans le même temps, les biotechnologies ouvrent des voies radicalement neuves aux relations et à la procréation. Devenue possible par les techniques de diagnostic prénatal, la sélection embryonnaire conduira à faire baisser le nombre des filles. Au moment où l'humanité cherche à réduire le nombre d'enfants par femme et que s'effondre le taux de natalité, la fécondation *in vitro* et le recours aux « mères porteuses » ouvrent des perspectives inédites à la lutte contre la stérilité. Devant ces novations, hommes et femmes sont, au moins en apparence, sur un terrain d'égalité et tout devient dès lors possible. Après le « feu vert » d'un tribunal grec, une femme de 52 ans, à qui avaient été transplantés des embryons de sa fille obtenus à partir d'ovules fécondés par son beau-fils, a donné naissance à ses petits-fils, des jumeaux. On peut même penser obtenir une naissance sans partenaire masculin : en mai 2002, des biologistes japonais sont parvenus à créer en laboratoire une souris issue d'un ovule fécondé par un autre ovule, sans aucun apport de sperme.

L'homosexualité est également de plus en plus admise. Même si un couple gay sur deux est sexuellement non monogame, beaucoup veulent avoir accès au mariage. Après ceux de Rosie et Kelly à San Francisco, d'Elton John et David Furnish à Londres, et en France de deux homosexuels à Bègles, nombre de couples gay ou lesbiens revendiquent le droit au mariage et à la paternité/maternité. Près de dix mille mariages homosexuels

Internet bouleverse les relations entre les hommes et les femmes, révélant un appétit sexuel affranchi de tout sentiment.

213

ont été prononcés au Royaume-Uni depuis la loi de 2005 sur le « partenariat civil ». Daphne Ligthart et Liz King, « mariées » deux mois après l'entrée en vigueur de la loi, ont divorcé un mois plus tard... Les bisexuels (à la fois homo et hétéro) sont eux aussi de plus en plus ouvertement nombreux. Outre-Manche, ils ont déjà leur magazine (*Anything that moves*), leurs associations, leurs idoles (le chanteur de REM, Michael Stipe), et même leur cinéma (*Threesome, Chasing Amy*) [19].

La sexualité et l'amour sont plus que jamais des arguments de vente, des prétextes commerciaux, la publicité s'évertuant à persuader qu'en consommant un produit on gagne des chances d'être aimé. L'amour devient la dimension la plus révolutionnaire de la globalisation, en même temps que le thème majeur du divertissement : rien ne résiste à l'universalité d'un roman d'amour ou d'un film d'amour. C'est ainsi qu'en Chine et en Inde les cinémas de ces deux immenses pays jouent un rôle déterminant dans l'évolution des mœurs et la généralisation progressive des droits individuels. En réaction, dans bien des lieux, en terre d'islam comme en Occident, certains tentent d'enfermer les femmes derrière un voile parce qu'ils ne peuvent plus les enfermer derrière les murs d'un harem.

Dans le même temps, avec l'extension à la planète de l'économie de marché, s'industrialise le commerce sexuel : prostitution, traite des femmes et des enfants, pornographie et tourisme sexuel. 10 millions de femmes se prostituent en Inde, 2 millions en Thaïlande, 1 million aux États-Unis, 200 000 en Allemagne. 500 000 femmes d'Europe de l'Est et 200 000 femmes des pays de l'ex-URSS se prostituent en Europe de l'Ouest. Aux Pays-Bas où la prostitution est légalisée depuis le 1er octobre 2000, on dénombrait 2 500 prostituées en 1981, 10 000 en 1985, 20 000 en 1989, 50 000 aujourd'hui. Dans les 250 bordels d'Amsterdam, les filles reçoivent entre dix et vingt-quatre clients pendant leurs 12 à 17 heures de « travail quotidien ». Aux États-Unis, quelque 85 % des prostituées sont violées alors qu'elles se prostituent, et elles comptent pour 15 % des suicides recensés par les hôpitaux américains.

Les enfants sont de plus en plus victimes de la prostitution : 400 000 enfants sont prostitués en Inde, 325 000 aux États-Unis, 100 000 aux

En Thaïlande, sur les 4 milliards de dollars de revenus du tourisme, 75 % au moins vont au commerce du sexe. L'UNICEF estime qu'un million d'enfants entrent chaque année à travers le monde dans l'industrie du commerce sexuel.

L'agonie du mariage

En Hollande, où
la prostitution a été
légalisée en 2000,
les Red Light Districts
d'Amsterdam comptent
250 bordels dans
lesquels les filles,
affichées en vitrine
comme de la simple
marchandise, sont à
80 % étrangères et pour
70 % d'entre elles sans
papiers car victimes
de la traite.

Philippines, 300 000 en Thaïlande, 100 000 à Taïwan, 500 000 en Chine. Tous les ans, près d'un quart de million de femmes et d'enfants d'Asie du Sud-Est sont « achetés » ; en Thaïlande, un enfant prostitué peut vendre ses « services sexuels » jusqu'à 2 000 hommes chaque année.

Avec les *Eros centers* le sexe devient partout, désormais, une activité industrielle. Le plus important bordel de Melbourne, The Daily PlaNet, créé en 1975, a vendu 1,4 million d'actions le jour de son introduction en Bourse. Au Japon, aujourd'hui, s'installent d'innombrables *fuzoku*, bars à hôtesses où les gens donnent libre cours à leurs fantasmes de travestissement. La déformation du réel devient ainsi la forme supérieure de l'érotisme. Au total, en 2007, le chiffre d'affaires de l'industrie pornographique mondiale dépasse les 60 milliards de dollars, dont 12 aux seuls États-Unis. La vidéo pornographique représente un marché de 30 milliards d'euros, soit le double de celui de toutes les autres vidéos. Internet est venu y ajouter une nouvelle dimension. Aux États-Unis, 10 % de toutes les ventes opérées sur le Net sont à connotations sexuelles ; la moitié de tous les téléchargements des sites commerciaux est constituée de pornographie enfantine ou pseudo-enfantine (*kiddie* ou *chicken porn*). Il existe plus de 10 000 sites Web destinés aux pédophiles. 40 millions d'hommes et d'enfants consultent souvent des sites X ; les 12-17 ans sont les plus gros consommateurs de X en ligne.

Au total, aujourd'hui, sur six milliards d'habitants de la planète, les décisions et rituels de mariage sont influencés, pour un milliard au plus, par l'Église catholique, et pour un autre milliard par d'autres formes de christianisme. Un autre milliard encore vit sous la loi de l'islam. L'autre moitié de l'humanité, c'est-à-dire presque toute l'Asie et une partie de l'Afrique, vit, comme depuis des millénaires, en situation plus ou moins polygyne : se mariant hors de tout lieu de culte, avec parfois la présence d'un religieux ou selon un rituel ancestral, et avec, de plus en plus, une cérémonie copiée sur les formes profanes du modèle du mariage catholique, aujourd'hui symbole de la modernité. Presque partout les femmes doivent se battre pour ne plus être le jouet des fantasmes des hommes, pour que cessent les diverses formes de l'esclavage sexuel. Au même moment, en Occident, la masculinité est de plus en plus mal considérée.

Aucun des deux sexes ne sait plus ce qu'il est, ce qu'il attend de l'autre ; et s'amorce une sorte d'androgynie collective où chacun pourrait bientôt n'être plus amoureux que de lui-même.

Page de gauche :
Alors resurgira Narcisse, à la beauté parfaite, au confluent des deux sexes, symbole d'une androgynie collective où chacun, définitivement seul, n'aura plus d'autre refuge que de s'aimer lui-même.
Narcisse, Le Caravage, 1599. Palazzo Barberini, Rome.

Aujourd'hui, pour deux
des six milliards
d'habitants de
la planète, la décision
de se marier et les rituels
de la cérémonie
sont influencés par
l'Église catholique ou
par d'autres formes
de christianisme.
Ci-contre :
Cérémonies en France,
en Russie, au Maroc,
au Vietnam, en Israël,
au Japon et
au Mexique.

Une société pense ses lois du mariage comme éternelles, car elles fixent les conditions de sa survie et de son identité. Aussi est-il toujours intolérable de croire que l'ordre actuel pourrait ne pas durer, les changements à venir paraissant à beaucoup impensables. De cette variété dans l'organisation des relations amoureuses, de cette formidable évolution des mœurs, de ce fourmillement de passions, de déceptions, de contraintes, d'extravagances, de misères et de désirs, peut-on tirer des lois pour l'avenir ? Peut-on esquisser ce que seront, demain, les façons d'aimer et d'être aimé ? Dans un monde de plus en plus urbain, nomade, précaire, marchandisé, les relations amoureuses resteront-elles fondées sur l'échange, entre deux ou plusieurs êtres plus ou moins volontaires, de services sexuels contre une protection et une prise en charge des enfants ? Verra-t-on, avec les progrès de l'islam, la polygynie s'imposer derechef à la planète entière ? L'extension de la classe moyenne dans la plupart des pays conduira-t-elle au contraire à la victoire de la monogamie bour-

geoise ? Cette monogamie sera-t-elle revendiquée comme une conquête par les femmes, encore victimes de la polygynie, et par les minorités sexuelles soucieuses d'intégration et de conformité avec la norme sociale ? Le mariage monogame, tel que l'Église catholique l'a imposé en Occident avant d'être relayé par l'État, sera-t-il au contraire oublié ? En reviendra-t-on à des sociétés sans tabous ? Ou bien la solitude se généralisera-t-elle ? La relation sexuelle ne sera-t-elle plus qu'un acte égoïste ? Entrera-t-on dans des sociétés surveillées où chacun devra des comptes à tous les autres ? Verra-t-on le marché envahir plus encore qu'il ne le fait déjà les relations amoureuses ? Le progrès technique, qui a permis de réduire les risques liés à l'accouchement, de réduire la mortalité infantile, d'augmenter l'espérance de vie, de contrôler la natalité, permettra-t-il de dissocier définitivement sexualité et reproduction ? L'avènement du virtuel comme mode de communication, de la génétique comme mode de reproduction, et des neurosciences comme mode de transmission, conduira-t-il à des formes d'amour et de sexualité

plus intenses, ou, au contraire, à leur disparition dans l'obéissance résignée à une solitude programmée ? Dans un monde où la loyauté, l'altruisme, l'intérêt pour son prochain auront largement disparu, considérera-t-on bientôt l'amour comme un concept aussi dépassé que le sont aujourd'hui, pour beaucoup, la charité, la fidélité, la pudeur ? Ou, au contraire, chacun se rendra-t-il compte qu'il n'est rien sans l'autre, et verra-t-on le droit à l'amour devenir la première des revendications ?

À toutes ces questions la science-fiction répond livre après livre, film après film, de façon passionnante. Pour certains, comme Aldous Huxley dans *Brave New World*, l'amour humain, dans sa pureté, permettra seul, peut-être, d'échapper à l'uniformité génétique qu'annonce la science. Pour d'autres, comme Philip K. Dick dans une nouvelle qui devint au cinéma *Blade Runner*, où le héros tombe amoureux du droïde qu'il est chargé de détruire, le salut est dans la reconnaissance du droit à l'humanité des artefacts. Pour d'autres encore, comme Dean Koontz dans *La Semence du démon*, devenue au cinéma *Génération Proteus*, ou comme Scott Westerfield dans *L'IA et son double*, ce sont les machines, utilisées d'abord comme instruments de plaisir par les humains, qui finiront par faire des hommes et des femmes leurs jouets sexuels[19]. Pour d'autres, comme Greg Egan dans *La Cité des permutants*, les riches deviendront immortels en faisant numériser leur esprit et leur conscience, sans pour autant réussir à transmettre à leurs doubles éternels la faculté d'éprouver des émotions. Pour d'autres enfin, comme Isaac Asimov, l'humanité sera remplacée par une autre espèce, d'une beaucoup plus grande sophistication, où la relation sexuelle et sentimentale exigera trois partenaires de genres différents. La réalité de l'avenir empruntera sans doute à tous ces imaginaires. Mais aussi à beaucoup de traditions très anciennes, dans un univers technologique radicalement neuf.

Page de gauche et ci-dessus : De *Blade Runner* de Ridley Scott à *2046* de Wong Kar-waï, le cinéma de science-fiction livre des hypothèses parmi les plus insoupçonnables sur l'avenir de la relation entre les êtres humains se tournant parfois, dans une ultime quête d'amour, vers des êtres artificiels.

221

Liaisons clandestines,
vies multiples,
polysexualité. En
Occident comme
ailleurs, plus personne ne
pourra cacher ce qu'il
aime, ni ceux qu'il aime.

Page de droite :
Photo Frank Le Petit.

Ce futur sera très longtemps encore, dans une large partie du monde, proche de ce qu'est la réalité d'aujourd'hui. L'amour forcé, la sexualité commerciale, le mariage arrangé, la polygynie resteront les principales pratiques en vigueur. Le combat pour le développement portera pour l'essentiel sur le statut de la femme et sur la liberté amoureuse.

En Asie comme en Afrique, le désir de liberté des hommes et des femmes conduira des classes moyennes de plus en plus nombreuses à suivre le même chemin que leurs homologues occidentales vers la monogamie marchande et le mariage d'amour. Les Églises chercheront à y sauvegarder leur rôle et leur influence en prônant le retour à un ordre moral et à un conformisme du couple que semblent vouloir imposer leurs clercs partout, tout comme des sectes en plein essor, en Amérique du Nord mais aussi dans certains pays d'Amérique latine et d'Afrique. Malgré tout, le rôle du religieux dans le mariage, presque totalement absent dans l'islam et le bouddhisme, disparaîtra peu à peu en Occident.

Bientôt, comme chaque fois qu'on a tenté d'imposer un ordre moral, la demande de liberté ira dans la direction opposée. L'augmentation de l'espérance de vie et la revendication d'une extension des libertés individuelles pousseront, dans ce domaine comme en d'autres, au changement permanent, à la tyrannie du neuf, à la précarité des contrats. En Occident comme ailleurs, le droit de faire ce qu'on veut sera contrebalancé par l'obligation d'être « transparent ». Plus personne ne pourra plus cacher ce qu'il aime ni ceux qu'il aime. Cela incitera à remettre en cause l'hypocrisie des relations clandestines, à accepter la réalité des vies multiples, masculines et féminines. Chacun formera dans sa vie un nombre croissant de couples. L'indissolubilité de la famille monogame sera dénoncée comme un anachronisme, un leurre hérité de la société féodale ; la fidélité sera moquée comme une imposture, une convention artificielle et quasi barbare ; le divorce ne sera plus vécu comme un échec. Les hommes revendiqueront le droit de refuser

aux femmes la liberté d'avoir des enfants d'eux sans leur accord. La multi-parentalité se généralisera. Les enfants appartiendront sans traumatisme à plusieurs familles et imposeront d'habiter un lieu fixe où se succéderont les parents. Les Églises, comme toujours, y résisteront, puis s'adapteront. Les hommes tenteront de plus en plus d'enfermer les femmes, et des millions de femmes souffriront derrière des voiles noirs.

À l'inverse, dans certaines sociétés très avancées, le mariage deviendra structurellement provisoire : il n'aura pas de validité au-delà d'un certain nombre d'années, à moins d'une reconduction explicite recueillant l'accord des deux parties ; il ne faudra plus divorcer pour se séparer, mais se remarier pour rester ensemble, comme c'était le cas dans certaines sociétés anciennes et dans le *kirar* des villages indiens de la région de Piparsod, au Madhya Pradesh. Les ruptures ne seront plus – en tout cas en théorie – traumatisantes, sauf si l'un des deux conjoints provisoires veut reconduire un lien dont l'autre ne veut plus. Dans ces sociétés avancées, ces unions contractuellement provisoires ne seront pas l'apanage des hétérosexuels ; on reconnaîtra le droit à deux personnes de n'importe quel sexe de vivre ensemble, d'avoir des enfants, d'en adopter. On se sera entendu à l'avance, devant un tiers, pas nécessairement étatique ou religieux, pour décider du sort des enfants ainsi que des biens de la communauté en cas, très probable, de séparation ultérieure. Les parents n'ayant plus aucune obligation de rester ensemble, les enfants seront de plus

47A., CÉLIB., SÉRIEUX,
enc. F. âge et phys.
enft. (conception,
déjà maman ss papa
ès jeune naturel ou
papa motivé pour
onheur de l'enft, ss vie
parentalité à définir,
e, rép. détaillée av. adr.

en plus élevés par des célibataires ou d'autres couples, les parents biologiques ayant alors le droit de partager contractuellement leurs droits parentaux avec des conjointes et des conjoints d'ex-conjoints, ainsi qu'avec des étrangers. On pourra imaginer des familles où les enfants auront plusieurs « pères » et « mères » tout aussi légitimes, et à l'inverse, des enfants qui n'auront que des mères ou que des pères.

On pourra alors raconter l'histoire de l'humanité comme une lente émancipation des enfants, d'abord dominés par les femmes, puis par les hommes, et qui prendront enfin le pouvoir sur eux-mêmes. Au-delà du couple monogame précaire et du mariage contractuellement limité, rien ne permet d'exclure que le sentiment amoureux ne puisse pas, un jour, être aussi intense pour plusieurs personnes à la fois. Même s'il est, pour beaucoup, un élan d'une intensité exclusive, un mode de fusion avec l'autre, la conception même de l'amour sera de fait radicalement transformée. Là comme ailleurs, on pensera la liberté non comme la victoire du « ou », mais comme celle du « et ». On ira vers l'acceptation, en toute transparence, du droit à des partenaires multiples et simultanés, hétérosexuels ou homosexuels (en partie ou en totalité). On assistera progressivement à l'émergence et à la légalisation d'une nouvelle forme de relations qui n'aura rien à voir avec la polygamie, de quelque forme qu'elle soit – car personne n'appartiendra à personne –, et qu'il vaut mieux nommer *netloving* par analogie avec le *networking* : les hommes comme les

À l'horizon 2010, dans tous les milieux, dans tous les esprits, la façon de penser l'amour, la vie de couple, la naissance ou l'éducation d'enfants est déjà bouleversée. Comme on peut le lire chaque jour dans les petites annonces des journaux...

femmes pourront avoir des relations sentimentales et/ou sexuelles simultanées, transparentes et contractuelles, avec plusieurs partenaires qui auront eux-mêmes plusieurs autres partenaires, lesquels ne seront pas nécessairement ceux du premier.

On distinguera, selon les situations juridiques, diverses formes de *netloving* : le *polyamour*, où chacun pourra avoir, en toute transparence, plusieurs partenaires sentimentaux séparés ; la *polyfamille*, où chacun appartiendra ouvertement à plusieurs foyers ; la *polyfidélité*, où chacun sera fidèle à tous les membres d'un groupe aux sexualités multiples.

Une forme particulière de *netloving*, plus stable que d'autres, mettra en relation, et, dans certains cas en ménage, dans un même domicile, trois personnes du même sexe ou de sexes différents, ayant des relations sexuelles ensemble et deux à deux. On connaît des cas de telles triades : par exemple, trois Hollandais, Victor de Bruijn et ses deux femmes Bianca et Mirjam, vivent ensemble de la même façon qu'un couple monogame, leur triade ayant été légalisée par contrat par-devant notaire et tolérée par la loi. Bianca et Victor avaient vécu en couple pendant dix-huit ans, avant que Mirjam, tombée amoureuse des deux, ne divorce d'un premier mari pour les rejoindre.

Bien des forces s'opposeront à de telles évolutions aujourd'hui encore largement impensables, comme l'étaient en France il y a deux siècles le divorce et, il y a dix ans, le mariage homosexuel.

Toutes les Églises, toutes les forces conservatrices au monde se ligueront pour les retarder, voire les interdire, surtout aux femmes. Sans doute y réussiront-elles un temps. Sans doute la résistance à ces évolutions entraînera-t-elle la mise en place provisoire, dans certains pays, de régimes autoritaires, voire totalitaires. C'est souvent, on l'a vu, par la répression de l'amour que s'expriment leurs prémices. Puis la liberté individuelle, une fois de plus, l'emportera, et le *netloving* se généralisera. Des décennies, des siècles peut-être nous séparent encore de cet avenir-là. Pourtant, si nous voulons bien regarder autour de nous, il est déjà là, en filigrane…

En Europe plus qu'ailleurs, ce genre de vie n'est plus totalement inconcevable et s'amorcent déjà de tels bouleversements. On voit ce genre de relations se dessiner chez ceux pour qui la fidélité n'est plus une exigence. On voit même apparaître des logiciels de relations permettant aux membres d'un groupe de tenir à jour, sur leurs objets nomades, la représentation graphique de leurs relations nomades elles aussi. L'Amérique suivra le mouvement avec un certain retard. Les Églises s'y rallieront à reculons et y trouveront une nouvelle façon de penser l'amour et la relation à Dieu. Les conséquences en

seront considérables. Les façons de vivre, d'élever des enfants, de se loger, de penser, d'écrire, de se distraire, de faire de la politique s'en trouveront bouleversées. La législation financière, les droits civil et pénal devront être revus de fond en comble. Comme beaucoup, en fait, ne seront plus amoureux que d'eux-mêmes, on évoluera vers la fin de la sexualité et vers l'amour de soi. Et on en viendra à la reproduction de l'humanité par le biais de la technologie : simple jeu de doubles des vivants. Car ces mutations des mœurs s'accompagneront de non moins formidables mutations technologiques. Les habitants des pays riches vivront jusqu'à quelque 120 ans, la plupart restant au-delà de 100 ans en bonne forme, y compris amoureuse. Cela poussera plus encore à la multiplication des relations. Il deviendra technologiquement de plus en plus facile de dissocier le désir, la sexualité, l'amour, la reproduction, l'éducation des enfants. On comprendra assez bien le fonctionnement du cerveau pour y faire naître des pulsions érotiques. On pourra recréer les conditions biologiques de l'attirance et mettre au point des philtres génétiques ou des mécanismes de transmission de pensée induisant des sentiments involontaires. La sexualité pourra alors se dégager totalement du contact entre les corps pour n'être plus qu'un jeu de l'esprit parmi d'autres.

La reproduction, quant à elle, deviendra affaire de machines. Grâce aux techniques de clonage et aux cellules souches, les patients-clients feront cultiver

Bianca, Mirjam et Victor ont légalisé leur triade par un contrat devant notaire, toléré par la loi néerlandaise.

à volonté des organes destinés à remplacer les plus défectueux parmi les leurs. Un enfant pourra être porté par une génération antérieure de la même famille, ou par un donneur quelconque. Les enfants de deux couples de lesbiennes, nés d'un même donneur, pourront se marier et créer ainsi une famille sans aucun grand-parent masculin.

Bien plus tard, les enfants pourront être conçus, portés et enfantés dans des matrices externes, animales ou artificielles. Chacun y trouvera son compte : les hommes, en pouvant se reproduire sans avoir l'obligation de confier la naissance de leurs descendants au représentant de l'autre sexe ; les femmes en se débarrassant des obligations de l'accouchement ; l'espèce humaine en se dégageant de la contrainte de la naissance par les voies naturelles, qui bloque l'évolution de la taille du cerveau. L'humanité qui, en 2050, pourrait manquer de près d'un milliard de femmes à cause de la sélection embryonnaire permise par les techniques de diagnostic prénatal, pourrait retrouver ainsi un moyen de rééquilibrer les effectifs des deux sexes. L'homme qui sait, depuis l'aube des temps, que la naissance débouche en même temps sur la vie et sur la mort, pensera que la vie donnée comme un artefact peut être, par nature, éternelle. Pour mieux satisfaire encore ce désir d'éternité, ni l'espérance du paradis, ni celle de la réincarnation, ni celle d'un allongement indéfini de la durée de vie ne suffiront. Apparaîtra, dans un paroxysme narcissique, le désir de s'auto-reproduire : on pourra imaginer une reproduction hermaphrodite des femmes et même un jour peut-être, des hommes. Chacun pourra ainsi se constituer des collections de soi en y clonant, un jour lointain, sa propre conscience. On pourra aussi imaginer de faire surgir chez un couple le désir de donner naissance au clone de celui qui en aurait instillé le désir aux deux parents.

Enfin, viendra la possibilité de se choisir différent de ce qu'on est. L'homme aspirera à vivre toutes les sexualités, à passer d'un sexe à l'autre par un travestissement mental, physique, psychique, puis génétique. Il voudra s'inventer une autre réalité grâce à la transplantation de sa propre conscience dans son propre clone. Quête absolue, dont un Don Quichotte a su nous dire tout à la fois la démesure et la misère.

Depuis l'aube des temps, l'homme estime qu'il ne pourra jamais, quels que soient sa fortune et son pouvoir, se choisir, se faire vivre ailleurs, autrement, dans un autre temps, un autre corps. C'est pourquoi il se maquille, se grime, se déguise, s'invente un physique, un nom, un passé, une ou des histoires. Illusion sublime qui fait du carnaval le lieu par excellence où traquer l'angoisse de l'être. Et de la mythomanie une forme supérieure, dangereuse et pathologique, de la liberté.

Quand viendra le désir
de s'autoreproduire,
chacun pourra se
constituer des
collections de soi et aller
jusqu'à envisager de
donner naissance au
clone de celui qui lui
en aura instillé le désir.
Chacun pourra aussi
aspirer à se choisir
différent de ce qu'il est,
en transplantant sa
propre conscience
dans son propre clone.

Faut-il s'émerveiller ou s'effrayer de ces mutations ? Faut-il résister à un tel avenir ? Pourra-t-on encore se dépasser pour plaire à l'autre, atteindre un idéal, se plaire à soi-même, être digne de l'humanité, et de la tendresse qui fait de l'amour la source de tout dépassement ? Cette «fatale tendresse» dont parle Manon Lescaut...

C'est ce que laisse entendre William Shakespeare quand il fait dire à Macbeth que l'idéal de l'humanité serait de pouvoir «boire le lait de la tendresse humaine». C'est aussi ce que crie, dans sa solitude et son désespoir, Blaise Pascal lorsqu'il lance la plus belle exhortation à aimer de la littérature française : «Nous souhaitons la vérité et ne trouvons en nous qu'incertitude, nous cherchons le bonheur et ne trouvons que misère et mort. Nous sommes incapables de ne pas souhaiter la vérité et le bonheur, et sommes incapables ni de certitude ni de bonheur. Ce désir nous est laissé, tant pour nous punir que pour nous faire sentir d'où nous sommes tombés. »

Comme si le désir immémorial de tendresse n'était que le reflet d'un manque, d'une quête d'absolu, d'une exigence de perfection. Comme si l'humanité n'existait que par un désir de désir, un amour de l'amour. Comme si l'amour n'avait d'autre finalité que lui-même. Ou plutôt, comme l'écrit de façon si poignante Héloïse à Abélard du fond de leur commun désespoir : «Ne cherchons en un mot que l'amour dans l'amour... »

Dans le baiser de cinéma, chacun retrouve ce qu'il a voulu vivre, ce qu'il a cru vivre, ce qu'il espère vivre. Parce que le cinéma est une fenêtre vers le rêve. Et parce que le rêve est l'ultime refuge de l'amour. Grace Kelly et William Holden dans *Les Ponts de Toko-Ri* de Mark Robson, 1955.

Bibliographie

1. ALMARCEGUI Patricia et Alicia, *Fantaisies du harem et nouvelles Schéhérazade*, Somogy-Éditions d'art, 2003.
2. ARIES Philippe et DUBY Georges (dir.), *Histoire de la vie privée*, Seuil, 1988.
3. ATTALI Jacques, *Au propre et au figuré : une histoire de la propriété*, Fayard, 1987.
4. ATTALI Jacques, *Brève histoire de l'avenir*, Fayard, 2006.
5. AVRIL Nicole, *Dictionnaire de la passion amoureuse*, Plon, 2007.
6. BALANDIER Georges, *Antropo-logiques*, PUF, 1974.
7. BARTHELEMY Dominique, « Note sur le maritagium dans le grand Anjou des XIe et XIIe siècles », dans *Femmes, mariages, lignages, XIIe- XIVe siècles : Mélanges offerts à Georges Duby*, Bruxelles, De Boeck Université, 1992.
8. BARTON Eichard E., « Lordship in Maine : Transformation, Service and Anger », *Anglo-Norman Studies*, 17, pp. 41-63, 1994.
9. BETTELHEIM Bruno, *Psychanalyse des contes de fée*, Robert Laffont, 1976.
10. BETTELHEIM Bruno, *L'Amour ne suffit pas*, Livre de Poche, LGF, 1994.
11. BISSON Thomas N. (dir.), *Cultures of Power : Lordship, Status and Process in Twelfth-Century Europe*, Philadelphia, University of Pennsylvania Press, 1995.
12. BLUM Léon, *Du mariage*, Albin Michel, 1990.
13. BOCCACE, *Decameron*, Pléiade, Gallimard.
14. BOULOGNE Jean-Claude, *Histoire du mariage en Occident*, coll. « Pluriel », Hachette, 2005.
15. CHAPELIN (Le) André, *Traité de l'amour courtois*, Klincksieck, 1974.
16. CHAUCER Geoffrey, *Les Contes de Canterbury*, Pléiade, Gallimard.
17. CHEBEL Malek, *Encyclopédie de l'amour en Islam*, Plon, 1995.
18. DANTE, *La Divine Comédie*, Pléiade, Gallimard.
19. DI FOLCO Philippe (*et al.*), *Dictionnaire de la pornographie*, PUF, 2005.
20. DUBY Georges, *La Société aux XIe et XIIe siècles dans la région mâconnaise*, SEVPEN, 1953.
21. DUBY Georges, *L'Économie rurale et la vie des campagnes dans l'Occident médiéval*, Flammarion, 1977.
22. DUBY Georges, *Le Dimanche de Bouvines : 27 juillet 1214*, Gallimard, 1973.
23. DUBY Georges, *L'An Mil*, Julliard, 1974.
24. DUBY Georges, *Le Temps des cathédrales. L'Art et la société (980-1420)*, Gallimard, 1976.
25. DUBY Georges, *Les Trois Ordres ou l'imaginaire du féodalisme*, Gallimard, 1978.
26. DUBY Georges, *Le Chevalier, la Femme et le Prêtre. Le mariage dans la France féodale*, coll. « Pluriel », Hachette, 1981.
27. DUBY Georges, *Histoire de la vie privée*, Seuil, 1985.
28. DIDEROT Denis, *L'Encyclopédie*, Pléiade, Gallimard.
29. ENGELS Friedrich, *L'Origine de la famille, de la propriété privée et de l'État*, Londres, 1884.
29 bis. FARGE Arlette, *Effusion et tourment, le récit des corps. Histoire du peuple au XVIIIe siècle*, Odile Jacob, 2007. Avec Cécile Dauphin : *Séduction et sociétés : approche historiques*, Seuil, 2001.
30. FREUD Sigmund, *Totem et Tabou*, Payot, 1996.
31. GERNET Jacques, *Le Monde chinois*, Armand Colin, 1972.
32. GEORGES-ANQUETIL, *La Maîtresse légitime*, Édition de l'avenir, 1923.
33. GEORGES-ANQUETIL, *Le Mariage à l'essai*, Édition de l'avenir, 1930.
34. GODELIER Maurice, *Métamorphoses de la parenté*, Fayard, 2004.
35. GOUGH (Kathleen), "The Nayars", *JRAI*, Londres, 1959.
36. GUNTHER Hans, *Le Mariage*, Payot 1952
37. GUNTHER Hans F. K., *Le Mariage, ses formes, ses origines*, Payot, 1952.

38. HERODOTE, *L'Enquête* (2 vol.), Folio, Gallimard, 1985.
39. HUGHES Diane Owen, « From Brideprice to Dowry in Mediterranean Europe », *Journal of Family History*, 3, pp. 262-296, 1978.
40. HUGUES, « Kith and Kin : Kinship and Family Structure of the Nobility of Eleventh- and Twelfth-Century Blois-Chartres », *French Historical Studies*, 20, pp. 419-458.
41. JAULIN Robert, *La Mort Sara*, « Terre Humaine », Plon, 1967.
42. LAMBLOT Jean, Théocité, site internet (http://perso.orange.fr/theosite/)
43. LEON-PORTILLA Miguel, *Témoignages des paroles anciennes*, Publication Fondo de Cultura Economica, Mexico, 1991.
44. LE ROY LADURIE Emmanuel, *Montaillou, village occitan*, Gallimard, 1975.
45. LÉVI-STRAUSS Claude, *Les Structures élémentaires de la parenté*, Mouton, La Haye, 1967.
46. LIVINGSTONE Amy, *The Nobility of Blois-Chartres : Family and Inheritance, 980-1140*, Ph. D. diss., 2 vol., Michigan State University, 1992.
47. LIVINGSTONE Amy, « Pour une révision du "mâle" Moyen Âge de Georges Duby », Clio, n° 8/1998, *Georges Duby et l'histoire des femmes*, mis en ligne le 3 juin 2005.
48. MAC MUNN George, *Mœurs et coutumes des basses classes de l'Inde*, Payot, 1934.
49. MONTESQUIEU, *L'Esprit des lois*, Pléiade, Gallimard.
50. MORE Thomas, *Utopia*, Flammarion, Paris, 1887
51. NGONDO A PITSHANDENGE, *La Polyandrie chez les Bashilele*, CEPEP, 1996.
52. PETRARQUE, *Livre des Chants*, Pléiade, Gallimard.
53. PLATON, *Phèdre*, in *Trois dialogues sur l'amour et la connaissance*, Ed. Autrement, 2003.
54. PASCAL, *Pensées*, Seuil, 1963.
55. REFFET Annie, *Chine inconnue, peuples Naxi du Yunnan*, Éditions Soline.
56. ROUGEMONT de Denis, *L'Amour et l'Occident*, 1939, Plon, 1972.
57. SCHNEIDER Michel, *La Confusion des sexes*, Flammarion, 2006.
58. SHAKESPEARE William, *Théâtre et poésie*, Pléiade, Gallimard.
59. STENDHAL, Henri Beyle dit, *De l'amour*, Pléiade, Gallimard.
60. STRABON, *Géographie* (9 vol.) Les Belles-Lettres, 1969-1981.
61. VOLTAIRE, *Œuvres complètes*, Pléiade, Gallimard.

… Et d'innombrables récits, entendus ou retrouvés sur le Net.

Remerciements

Merci à Claude Durand et Denis Maraval, qui ont bien voulu relire le manuscrit, ainsi qu'à Chantal Marion pour son assistance d'une grande efficacité.
Merci à celles et ceux qui nous ont aidés à la préparation de ce livre : Laurence Guichard, Mme Amazaki, Marc Tuillier, ainsi qu'à Philippe Clémenceau qui en a assuré la fabrication.
Merci à toutes celles et tous ceux qui nous ont cédé gracieusement leurs photos pour nous permettre d'illustrer ce livre : Bianca, Mirjam et Victor de Bruijn, Émilie de Comarmond, Maliyel Beverido, Paul Cornec, Jean Gentric, Lotti Heyboer, Mathieu Langlois, Chantal Leduc, Annie Reffet, auteur de *Chine inconnue, peuples Naxi du Yunnan* (Soline), Torrence Royer, Helen Wiesenhaan.
Merci au musée du Quai Branly et à la Bibliothèque nationale de France, où ont été effectuées la plupart de nos recherches.

Un grand merci enfin, à Michel Desbois qui a assuré la direction artistique de ce livre.

Illustrations

AKG – Images : 192.
Bibliothèque municipale d'Amiens: 122, 124.
Bibliothèque municipale d'Angers : 149.
Bibliothèque municipale de Tours : 122.
BNF/Société de géographie : 58, 87, 91, 167.
Bonvicini Stéphanie : 36, 60, 68, 69, 70, 75, 81, 88, 98, 100, 133, 134, 162, 163, 178, 214, 215.
Collection particulière : 8, 9, 11, 12, 35, 44, 47, 51, 54, 56, 57, 63, 87, 90, 97, 107, 135, 138, 141, 160, 165, 184, 185, 196, 197, 199, 200, 201, 203, 204, 205, 226, 227.
Corbis/Coll. Stapleton – Philip Spruvt : 94 ; Corbis/Condé Nast Archive : 187 ;
Corbis – John P. Soule : 97; Corbis – Keren Su : 52 ; Corbis/People Avenue – Stéphane Cardinal : 212 ; Corbis – Richard Powers : 101; Corbis/San Francisco Chronicle – Lans Iversen : 212 ; Corbis/S.I.N. – Zbysiu Rodak : 212.
Cosmos/S.P.L. – Steeve Gschmeissner : 16.
Daphnia Genomics Consortium : 18.
Enguerand/Bernand – Brigitte Enguerand : 66.
Eyedea/Grandeur nature – Patrick Louisy : 20 ; Eyedea/Sylvain Cordier : 26 ;
Eyedea/Rapho : 208 ; Eyedea – Willy Ronis : 203 ; Eyedea : 218-219.
Fotolia / Jean-François Perigois : 14 ; Sebastian Kaulitzki : 16 ; Thierry Maffeis : 17 ; Ljupco Smokovski : 19 ; Michael Shake : 21 ; Ariel Bravy : 22 ; Prod. Numerik : 22 ; Instants-sauvages.com : 23 ; Martin 1985 : 23 ; Photononstop-Tips : 23 ; Sebastien Delehaye : 25 ; Alison Bowden : 26 ; Georg Preissl : 26 ; Radu Razvan : 71 ; ADT : 176 ; Lovrencg : 176 ;Christopher King : 203 ; James Thew : 206 ; Scott Leman : 207 ; Jenny : 210 ; Yuri Arcurs : 213 ; Emin Kuliyev : 220 ; Chris Harvey : 221 ; Diana Lundin : 222 ; Urbanhearts : 224 ; Yang Ming Qui : 224 ; Sophie Berclaz : 229 ; Jean-Michel Combes : 232.
Gawlowski Daniel : 48.
Hachette photothèque, Collection « Le Tour du Monde » : 32, 38, 40, 104.
Le Petit Frank: 209, 223.
Leemage/Electa : 164, 216.
Musée d'art et d'histoire du judaïsme : 31, 73.
Musée de la Tapisserie de Bayeux : 136 (avec autorisation spéciale de la ville de Bayeux).
Photos12.com : 206, 220, 230.
Reffet Annie : 43, 52.
RMN –Arnaudet : 79 ; RMN/BPK, Berlin – Jörg P. Anders : 6, 119, 130 ; RMN/BPK – Ingrid Geske-Heiden : 80 ; RMN/BPK – Joseph Martin : 118 ; RMN/BPK – Philipp Allard :150, 171 ; RMN –Bulloz : 74, 143 ; RMN – DR : 189 ; RMN – Gérard Blot : 78, 112; RMN – Gérard Blot/Christian Jean : 93 ; RMN – Hervé Lewandowski : 77, 121 ; RMN – Jean-Gilles Berizzi : 28, 110, 114, 143 ; RMN – Jean-Pierre Lagiewski : 128 ; RMN – René-Gabriel Ojéda : 84, 157, 167 ; RMN/Rennes – Louis Deschamps : 151 ; RMN/Rennes – Patrick Merret : 110.
Rue des Archives : 41, 46, 109, 166, 170 ; Rue des Archives/Mary Evans : 59, 108, 127; Rue des Archives/SVB : 202.
Rue des Archives/The Granger Coll. : 152.
Scala Picture Library : 10, 44, 55, 99.
Sipa Press – AP : 106.
Succession Matisse : 194-195.
Succession Picasso, Paris, 2007 : 191.
TCD/ Prod DB/DR. : 51, 65, 177 ; Prod DB/MGM : 221.
The Art Archive/Dagli Orti : 33, 34, 82, 83, 110, 116, 154, 158, 161, 169, 172, 175, 188.
The Art Library/Bridgeman :37, 114, 140, 146, 161, 180, 181, 183.
Wiesenhaan Helen : 102.

Table

Des mêmes auteurs

> Jacques Attali

Essais

Analyse économique de la vie politique, PUF, 1973.
Modèles politiques, PUF, 1974.
L'Anti-économique (avec Marc Guillaume), PUF, 1975.
La Parole et l'Outil, PUF, 1976.
Bruits, PUF, 1977, nouvelle édition Fayard, 2000.
La Nouvelle Économie française, Flammarion, 1978.
L'Ordre cannibale, Grasset, 1979.
Les Trois Mondes, Fayard, 1981.
Histoires du Temps, Fayard, 1982.
La Figure de Fraser, Fayard, 1984.
Au propre et au figuré, Fayard, 1988.
Lignes d'horizon, Fayard, 1990.
1492, Fayard, 1991.
Économie de l'Apocalypse, Fayard, 1994.
Chemins de sagesse : traité du labyrinthe, Fayard, 1996.
Mémoires de sabliers, Éditions de l'Amateur, 1997.
Dictionnaire du XXIᵉ siècle, Fayard, 1998.
Fraternités, Fayard, 1999.
La Voie humaine, Fayard, 2000.
Les Juifs, le monde et l'argent, Fayard, 2002.
L'Homme nomade, Fayard, 2003.
Foi et raison, Bibliothèque nationale de France, 2004.
Une brève histoire de l'avenir, Fayard, 2006.

Romans

La Vie éternelle, roman, Fayard, 1989.
Le Premier Jour après moi, Fayard, 1990.
Il viendra, Fayard, 1994.
Au-delà de nulle part, Fayard, 1997.
La Femme du menteur, Fayard, 1999.
Nouv'elles, Fayard, 2002.
La Confrérie des Éveillés, Fayard, 2004.

Biographies

Siegmund Warburg, un homme d'influence, Fayard, 1985.
Blaise Pascal ou le génie français, Fayard, 2000.
Karl Marx ou l'esprit du monde, Fayard, 2005.
Gândhî ou l'éveil des humiliés, 2007.

Théâtre

Les Portes du Ciel, Fayard, 1999.
Le Cristal et la Fumée, Fayard, 2008.

Contes pour enfants

Manuel, l'enfant-rêve (ill. par Philippe Druillet), Stock, 1995.

Mémoires

Verbatim I, Fayard, 1993.
Europe(s), Fayard, 1994.
Verbatim II, Fayard, 1995.
Verbatim III, Fayard, 1995.
C'était François Mitterrand, Fayard, 2005.

Rapports

Pour un modèle européen d'enseignement supérieur, Stock, 1998.
L'Avenir du travail, Fayard/Manpower, 2007.

> Stéphanie Bonvicini

Biographie :

Louis Vuitton, une saga française, Fayard, 2004.

35-57-3250-4/02
Numéro d'éditeur : 97601
Achevé d'imprimer en Espagne par Gráficas Estella
dépôt légal : janvier 2008